怪談蒐集癖
凶禍の音

中縞虎徹

竹書房
怪談
文庫

目次

お墓山のハンター

その夜、コジマは酔っていた。

本当は運転代行を呼んで家に帰るつもりだったが、気が付けばハンドルを握り、アクセルを踏んでいた。飲酒運転である。

途中、自分が酒を飲んでいる状況に自覚的になった彼は、いったんどこかへ車を停め、タクシーでも呼ぼうかと考えるも、近辺にちょうど良い駐車スペースなどなく、外は小雨も降っていた、あと十分も車を走らせれば自宅である。

彼はある種の覚悟を決め、警察に出くわす可能性の高い大きな道を避け、少々遠回りにはなるものの、できるだけ細く、交通量の少ない道を選びながら車を進めることにした。

その選択が間違っていたことに気付いたのは、通称「お墓山」と呼ばれる場所で側溝にタイヤを取られ、脱輪してしまってからだった。

十分気を付けて運転していたはずだった。どう考えても脱輪するほど路側に寄っていないつもりでいた。しかし現実は無情、これがあるから飲酒運転は怖いのだなと反省しつつ、思案する。

その名の通り、彼が立ち往生している周りは墓に囲まれており、人通りは全くない。飲酒している以上、ロードサービスは呼べない。

変わらず小雨も降っている。傘も無い。

このまま車の中で朝を迎え、頃合いを見計らってロードサービスを呼ぶか、いったん車を放置し、歩いて家まで帰り、朝になってから戻ってくるか。コジマは後者を選んだ。家までは徒歩で三十分ほどの距離、雨を被ることにはなるが、万が一誰かが通りかかって通報されでもしたら前科が付いてしまう、それは避けたかった。

舗装もされていない田舎道、ドアを開け、ふらつきながらぬかるんだ地面に踏み出す。

それから数分、どうも後ろから足音らしきものが聞こえる。

まさか誰かに見られていただろうか？　不安になり振り向くが誰もいない。

しかし再び歩みを進めると、やはり聞こえる。ついて来ているような足音。

土地柄、野生の動物だろうか？
お墓山だけあって民家などないのだから、そう考えるのが妥当だ。
鹿、あるいは熊、熊だったら助からない可能性がある。
足を止め、そっと後ろを振り向く。
何もいない、鹿でも熊でもない。
するとなんだろう、どうして足音が聞こえてくるのだろう。
足音だけが自分の後ろをついてくるなど、普通はあり得ない。
ただ、今、自分は酔っている。酩酊がもたらす、なんらかの錯覚かも知れない。
——ぬちゃっ、ぬちゃっ
こんなにハッキリ聞こえる錯覚などあるだろうか？
そもそも自分は幻聴を聞くほど酔っぱらっているだろうか？
——ぬっちゃっ、ぬちゃっ、ちゃ、ぬっちゃ
さっきからどうも、足音が増えている気がする。
人でも、鹿でも、熊でもなく、歩いていると自然に足音が増える現象。
そんなもの、全く考えつかない。

ただ、ここはお墓山である、うってつけの解釈があるとすれば――

足を止める。

すると、後ろの足音らしきも聞こえなくなる。

再び歩み出す。

――ぬっちゃっ、ぬちゃっ、ちゃ、ぬっちゃ、ぬっちゃっちゃっちゃ

更に増えている、どう考えてもただ事ではない。

もはや振り向きたくもない。

しかし後ろに付かれている以上、自衛のためにも確認しなければ危険だ。

バッと体を躱《かわ》すように振り返った先に――

「なんつーかさ、丸みを帯びて薄ぼんやりした灯りなんだよな、人魂っていうぐらい充実はしてない感じの。楕円形でぼやっとしてだらしないみたいな、そんなのが居てさ」

予想とはだいぶ異なったが、何やら怪しいものが目の前にいる。

コジマは、地面スレスレに浮く、それと睨み合った。

「動きようがないじゃない、逃げても追っかけて来るだろうし。だからじっと睨んでたん

だけど、でもこれ、逆にこっちが追いかけたらどうなるんだろうと思って」

それが、明らかに異常な造形をしていれば、そんなことは考えなかっただろう。

しかし、ぼんやりとした灯りぐらいだと、人間はかえって好奇心を刺激されるものなのかも知れない。

「そんでこう、うっ、と動こうとしたら、スススっと逃げてったんだ、先の先を取られるみたいな感じで」

その後、やや急ぎ足でお墓山を抜けたコジマは、無事に家に着いた。

「そんで次の日」

翌朝、車を取りにお墓山に戻ると、どうしたことか脱輪などしていなかった。

「いや、だからさ、アレ、ホントは結構危ないやつだったんじゃないかと思ったんだよ。俺はアレに脱輪したって錯覚させられたのかも知れないって。その上、まんまと車を降りた俺の後をついて来てたんだとすれば、狙ってたよな確実に。そうは見えなかったけど」

それ以降、もちろん飲酒運転などしていないとコジマは言う。

ゴミ屋敷のラジオ

カスミさんは山間の小さな町で暮らす三十代の女性。

友人を介した飲み会の席で隣り合った際、酔った勢いで「なんか変な体験ない？　お化けとか」と訊ねた私に、こんな話をしてくれた。

※

私が住んでるのは小っちゃい町なんだけど、やっぱり変な人って居てさ。
ああでも、この場合は一家かな、変な一家が居たんだ。
具体的にどう変なのかっていうと、ゴミ屋敷を作っちゃったんだよね、いわゆる。
私が子供の頃にはもう敷地内がゴミで埋まってた。

昔は夫婦で商店を経営していたらしくて、その頃は普通だったみたい。

二人とも高齢になって店を閉めた辺りからおかしくなりはじめて、わざわざ軽トラで出かけて行って、どこからともなくゴミを拾ってきては庭に置くようになったっていう。普通に話す分には問題ないんだけど、ゴミのことに触れると何故か怒って話にならないから、近所の人達もだんだん距離を置くようになっていったようなの。

その家、店舗と住宅を兼ねたL字型の家なんだけど、L字の下横部分が道路に面してて、そこが元商店、縦部分が住居っていう造りでね。庭がゴミで一杯になった後は、道路に面してる方、つまり自分達でやってた商店の入り口部分にもゴミを置き出したから、私が小学生だった頃には「近づかないように」って、わざわざ学校で言われるぐらいには怪しい感じになってた。


その夫婦が相次いで亡くなったのが今から十年ぐらい前。

最初にお婆さんが亡くなって、その後一年もしないうちにお爺さんが亡くなったの。

お葬式は町の外で暮らしてた一人息子が取り仕切ったんだけどさ、その時点ではしっかりしてたんだって、ゴミに関しても「早めに整理しますんで」なんて頭下げてたって。

それがだよ、お爺さん、この場合はその息子の父親が亡くなってから、彼は仕事辞めて町に戻って来て、ゴミ屋敷で暮らし始めたの。まさかだよね、こっちは家屋ごと取り壊して更地にするんだろうと思ってたからさ。

その頃は私も成人して町で働いてたから色んな話が聞こえてきて、不動産の収入があるから結構お金持ちだとか、親の財産があるから仕事辞めたんだろうとか。小さい町だからね、その家の懐《ふところ》事情なんかは怖いぐらい筒抜けで。

で結局、肝心のゴミはどうなったかっていうと、増えたんだよ、庭とかだけじゃなく、家の中にもゴミが積み上がってるのが外から見てもわかるぐらいに。

あと、何を思ったのか、通りに面した元商店の入り口部分に小型のラジオをぶら下げて、放送をずっと垂れ流すようになったの。表から見ても裏から見てもゴミ屋敷で、しかも意味不明なラジオでしょ、うん、やっぱ息子もどうかしてるんだろうなと。

ただ、私の職場の先輩で、その息子と小中の同級生だった人がいるんだけど、昔はそんなんじゃなかったって言うんだ。けっこう優秀で、高校卒業した後は県内の大きな街で真面目に働いてたらしいよ。

え？　ああ、ダメだったみたい。同級生なんかが訪ねて行ってもぜんぜん表に出てこなくて、話もできないって言ってた。

たまーにね、自転車こいで食品なんかを買いに行くのを見かけたりはしたな。噂ではかなりの資産家だって言うんだけど、全然そんな風には見えなくて。うちの先輩と同級生だったわけだから当時で四十代前半とか、そのぐらいだったはずなんだけど、お爺ちゃんみたいな雰囲気してて、あーやっぱ病気とかなのかなって、思ったりね。

それで、もう五年前か、私が前の男と付き合ってた頃だから。

町の夏祭りがあって、出店とか見ながら歩いてたんだよ、彼氏と二人でさ。

その時、たまたまゴミ屋敷の前を通りかかったら「助けてくださーい、助けてくださーい」って聞こえてきたの。

ええ？　っと思って辺りを見たら、どうもゴミ屋敷のラジオからなんだよね、それがずっと同じ調子で「助けてくださーい」だもん、「こんな放送あるの？」なんて、お祭り気分で浮ついてたからさ、二人で笑ったんだけど。

うん、そうだよ。彼氏にも聞こえてたし、同じように歩いてた他の人達も聞いてたと思う。私だけとかじゃぜんぜんなくて。

それから一週間ぐらいして、例の先輩から「アイツ死んだぞ」って聞かされたの。死因まではわからないけど自殺とかではなくて、うん、孤独死ってやつ。

でさー、それが発覚した原因っていうのが、軒先のラジオだって言うんだよね。

何日かずっと、そのラジオから気持ち悪い唸《うな》り声が聞こえてて。それまでは関わり合いたくないから放置してた近所の人たちも、さすがに気味悪いってことになって、何人かで文句言いに行ったらしいんだ。そしたらゴミに埋もれた玄関のたたきで、変な色になって倒れてたんだって。そんなこんなでバタバタしてる間に、軒下のラジオから聞こえてた唸り声はいつもどおりの放送に戻ってたみたいで、「見つけて欲しくてラジオで唸ってたんじゃないか」って、まことしやかにね。

それ聞いて私も「ええ？」って思ってね、もしかしたらって、そんな話。

ソレ

「もともとは俺のもんじゃないっつか、心霊スポットから持って帰ってきたもので」

カズ君はソレを何度も捨てているのだと言う。


今から七年前、大学生だった彼は友人数人と連れ立って肝試しに出かけた。

向かった先は地元でも有名な民家の廃屋。

一家心中があったとか、子供のミイラが見つかったとか、尾ひれが付きまくり。結局のところ何がナニやらわからない来歴となっていたその場所は、着いてみれば確かに尾ひれが付くのも頷けるだけの不気味さで佇《たたず》んでいた。

「正直入るのも嫌だなと思いました、夏だったから虫とかもいそうだったし」

かと言ってせっかく出向いてきた手前、盛り上がっている他の仲間達に水を差すわけにもいかず、彼は渋々中に入った。

「だけど入ってみたら思ったよりそうでもなくて、なんかアットホームっていうか、怖いってより懐かしい感じで」

それは他のメンバーも同じだったようで「別に怖くねえな」などと言い合っていた。

「だから断れなかったんですよね、馬鹿なことしました」

見た目とは裏腹に、なんだか居心地の良さすら感じたというその廃屋、しかし彼らは肝試しにやってきたわけなので少しでも怖がりたかった。

——ジャンケンで負けた奴がここから何か持って帰ることにしよう。

そんな提案が出た。

「で、負けたのが俺、持って帰ってきたのが『ソレ』」

廃屋に行ってから数週間「祟りじみたことがあったら教える」という仲間内での取り決めに従い、カズ君はソレを部屋で保管し続けていた。

「結局何もなくて、いい加減ジャマだから捨てるよって、一応確認もとって」

他のゴミと一緒に可燃物として捨てたのだという。

しばらくして、いつもの仲間で集まりカズ君の部屋で宅飲みをしていたところ「あれ？まだ持ってたの？」と言いながら、仲間の一人が「ソレ」を指差した。

「固まりましたよね、言葉もないっていうか」

確かに捨てたはずの「ソレ」が、棚の上にある。

どう考えてもあり得ないため、状況を受け止めきれず挙動不審な様子を見せたカズ君に対し、仲間達は「またまたぁ」などと言い盛り上がった。

「俺が一芝居打ってるとでも思ったんでしょうね」

その晩、仲間たちが帰ってすぐ、カズ君は再び「ソレ」をゴミ捨て場に持っていった。


それから更に一年が経過し、大学を卒業した彼が新天地へ引っ越すべく荷物をまとめていた時のこと。

「親にも手伝って貰ってたんですけど」

予《あらかじ》め荷物を入れておいたダンボールにガムテープで封をしていた母親が「ちょっとコレ何よ気持ち悪い」と言った。

目をやると、間違いなく捨てたはずの「ソレ」がダンボールの中に入っている。

「ちょっとね、ホントあり得ないんで、マジでキツくって」

何をどう語ればいいのかわからず、返答に窮した彼は、急なストレスのせいか吐き気がこみ上げ嘔吐してしまったらしい。

「吐いちゃったし、取り乱しもしたから、説明しないわけにはいかなくて」

青い顔をして訳のわからぬことを言う息子を心配した両親は、半信半疑の様子ではあったものの、「ソレ」を廃棄した後、彼をお祓いに連れて行った。

「一応、以降は出てないんですけどね」

結局「ソレ」とはなんなのだろう？　実はここまで話を聞いたものの、私は彼から「ソレ」が一体どのようなものなのか、明かされていない。

「いや、そこは勘弁して欲しいです、言いたくないです」

彼が明らかに動揺し始めたので、問い詰めるのは止めた。

カズ君はまだ「ソレ」の出現を恐れているのかも知れない。

デスマッチの家

スズキさんが中学生だった頃、四十数年前の話。

当時、彼の家の近くに奇妙な家があった。

「うちの実家の近く、つっても歩いて二十分ぐらいの距離のところだけどね、真四角の上に三角屋根が載ってる二階建ての家なんだけどさ、ブロック塀で囲まれてたんだ」

家の四方が遊びなく塀で囲まれ、玄関はもとより一階部分が全て遮蔽されており、外からは全く様子が伺えない。

「だから中に入ろうにも入れないわけ、全部塞がれてるから」

中心市街からは大分外れた場所、山林に囲まれた土地にそれはあり、不気味な雰囲気を醸し出していた。

「色んな憶測を呼んでたけどね、あの家で二人死んでるのだけは間違いないんだよ」

その家を建てた一家は家族三人で暮らしていたが、父親が事業に失敗し、家屋の中で首を吊ったのだという。

「妻子は夜逃げ同然で、とっくに居なくなってたらしい」

借金の抵当に入れられていた土地家屋は、しばらく後、格安で売りに出された。

「それを買ったのがどうも変わり者っていうか、絵描きの男でね、アトリエとして別荘みたいに使いたいってことで、週末なんかにちょくちょく顔出してたって話なんだが」

しかし絵描きは、通いだして一年ほどでノイローゼのようになり、夜に叫び声をあげたり、半裸で周辺をうろつくなどご近所を騒がせた後、やはり家屋の中で首を吊った。

「さすがに二人死んでちゃ体面が悪いだろ、売ろうにも買い手がつかなくなった」

その頃から、例に漏れず噂が立ち始めた。

「最初に首括った男は詐欺か何かで騙されて首が回らなくなったもんで、世間を大分恨んでいたって話だ。最後っ屁で家の価値を下げるためにわざわざあの家で死んだっつーんだな。絵描きの男は軽々にそんな家買ったもんだから、祟り殺されたんじゃないかってね」

それから間もなくして、家はブロック塀で囲まれてしまった。

「その一連が、俺がまだ小学生だった頃の話」

中学生になったスズキさんは、その近辺を遊び場にしており、かなりの時間を過ごしたそうだ。

「例の家の近くに渓流があって、岩魚《いわな》だの山女魚《やまめ》だのが釣れるんだ。俺もあんまり近づくなって言われてたけど、他の奴らは気味悪がって寄り付かないから、穴場だったんだよ」

渓流魚はちょっとした気配や、小さな音にも反応し食いつきが悪くなるため、彼は一人静かに釣り糸を垂らしながら渓流釣りに勤しんでいたのだが、時々、邪魔が入った。

「家、うるせーの。急に叫び声が聞こえて来たり、何かが割れる音がしたり」

肝の太い子供だったのか、釣りの邪魔になることに怒りを覚えこそしたものの、恐怖などは感じなかったと語る。

「そんなんでビビるようなら、最初からあんな場所で釣りなんかしねえよ」

ある日のこと、例の如く叫び声が聞こえた後、いつもより大きな音が響いた。

「ガシャーンってさ、俺でもちょっと驚くぐらいの音でな」

気になって家の様子を見に行くと、二階の窓が割れていた。

「不思議なのはガラス片が外に向かって吹っ飛んでたこと、地面に突き刺さるみたいになっててさ。『あ、これ中からだな』って直感的に思ったね、外から石投げたらあんな風には飛び散らないもの、そんな人影もなかったし」

特に印象に残っているのはボヤ騒ぎだったとスズキさんは言う。

「家から煙が出てるってことで、付近の人が通報したらしいんだが、結局、火なんてどこにもなくて、なんも燃えてないのに煙だけ出たってことがあった。もしも本当に火が出てたら、あの辺に入り浸ってた俺が疑われただろうから、冷や冷やしたの憶えてる」

それから数年、受験や進学などのため釣りに行くことを止めていた彼が久しぶりに訪れると、例の家は跡形もなく取り壊されていた。

「ちょうど宮城県沖地震があった頃だ、あん時はブロック塀が崩れて色々問題になったから、あそこの塀も無事じゃなかったんじゃないか」

「ところでさ、誰かが祟られて死んじまった場合、その死んだ人はどうなるんだと思う?」

話の最後、スズキさんは突然、私に妙な質問を投げかけてきた。

「その場合どうなるって……その人もまた新しい誰かを祟るんじゃないですか?　何人も

死んでる土地とか、家とか、そんな話はよく聞きますよ」

「いや、俺はそれオカシイと思ってんだよ」

どういうことだろう？　おかしいもおかしくないも、祟りは祟りだろう。

「だってよ、自分のこととして考えてみろよ、祟り殺されたってことは、誰かに殺されたってのと一緒だぞ」

言われてみればそうである。それが自死であったとしても、祟りによってそうせざるを得ない形に追い込まれたのなら、その人が死んだ責任は祟りにある。

「だろ？　それでさ、もし、祟りなんてもんが本当にあるんならよ、死んでしまえば自分も祟りの主体になれるってことだろ？　その場合、普通に考えたら祟りを祟るんじゃやねえか？　対等の立場でリベンジ狙うだろ、俺ならそうするがな」

なるほど、心情的には一理ある。

「だからよ、あの家でいろいろごたついてたのって、そのリベンジマッチの最中だったからなんじゃないのかと思うわけだ。叫んだり、窓ガラス割ったり、煙出したり、祟りが祟りとやりあった結果の副産物として、ああいう現象があったんじゃないか」

とすると、その家が取り壊されたのは、祟り同士の決着がついたから、だろうか？

「たぶんそうなんじゃねえか。あの家の周り囲ってたブロック塀も、今思うとデスマッチのそれだよな。ああやって囲って、そん中で喰い合わせてたんじゃねえの？　で、蓋開けてみたら両方とも潰れちゃったんで、これ幸いってことで取り壊したと。死人同士が戦うわけだから、文字通りのデスマッチだわ」

ならば、一体誰がそのジャッジをしたのだろう？

「それだよな、レフェリー役してた奴がいたってことにしねえと、この話終わらねえんだよ。あの家は地元の土建屋に管理されてたんだが、あいつらが専門家みたいなの雇って仕組んだんじゃねえかな、どう考えても、あんな塀の作り方おかしいもの。イタズラ対策ならベニヤ板でも打ち付けときゃいいんだしさぁ」

スズキさんは以上の自説を述べた後「どちらかっていうと、祟りそのものよりも、そんなもん扱ってる奴らの方が厄介だよな」と言い、酒を煽《あお》った。

彼らの在り方

私の知人に、ワダ君という心霊マニアがいる。

彼は特に霊能者に興味があり、自称霊能者達との交流も深い。

「ピンキリですよ。すごいなって思う人もいれば、どう好意的に見ても滅茶苦茶だなって人もいて。ただその幅っていうか、キャラクターの豊かさが良いんですよねぇ」

そんな中、特に信頼できる「霊能者」が二人いるという。

二人とも男性なのだが、彼らは自分がそのような人間だとひけらかすでもなく、どこか諦めのような雰囲気を漂わせながら、一般社会に紛れ込むように生活しているらしい。

以下の話は、ワダ君が主催したある企画にまつわる内容を、彼の弁を基に書き起こしたものである。

※

エトウ君は二十代の会社員、生まれつきそういったものが見える性質で、幼い頃には虚空に向かってペラペラと何事か喋った後、急に泣き出すなどして両親にも気味悪がられたといい、長じてからは他人には見えないものを見たり、人の顔を見て死期を当てたり等々、妙な体験に事欠かない人物。

もう一人、ツヅキさんは三十代の自営業、後天的に能力を獲得したタイプで、きっかけはある山に登った際、天狗としか思えない人物に話しかけられたこと。以来、頭の回路が切り替わったのか、その場にいない誰かの声を聞いたり、酷い耳鳴りでうずくまった瞬間に目の前で人が車に跳ね飛ばされるなど、豊富な体験を持つ。

この二人が面白いのは、ヒビが入ってしまった日常においても普通に社会人として生活していること、またそれぞれ視覚と聴覚に特化した体験談を保有していることである。

エトウ君は主に目を、ツヅキさんは主に耳を通して怪異を捉えている。

当時、彼らは互いに面識がなく、ワダ君を介して友達の友達といった関係性。

それぞれ住んでいる場所も異なることから、ワダ君はいつか三人で会う機会を作りたいと考えていた。

ついにその機会が訪れたのは数年前の冬、巷で流行り病が騒ぎになり始めた頃だった。


心霊スポットなどというと、大事故、大事件があった場所であるとか、歴史的に曰く因縁がある場所であるとか、人里離れた廃墟であるとか、仰々しい場所が取り沙汰されることが多いが、ヤバいスポットは割と身近にあったりする。

その戸建ては築六十年の日本家屋で空き家になって三年目、局地的な豪雨によって床上浸水してしまったためリフォームをしたところ、妙な現象が多発するようになり、家主一家が逃げだした物件。

汚水と泥でダメになってしまった井戸を塞いでしまったのが悪かったと言う人もいれば、代々祀ってきた氏神の祠をリフォームにかこつけて移動させてしまったのが失敗だったと言う人、家の上手にある寺の敷地から流れてきた土砂が原因だと言う人など、ワダ君は理由らしきものを様々に聞き取りはしたが、そのうちのどれか一つというよりも、それら全てが複合的に絡まってしまい、厄介なことになっているのではないかと思われた。

逃げ出した家主一家はワダ君とは遠縁にあたり、近しい親類から口を利いてもらった結果、数日間その家を貸してもらう約束がとれた。

全ては、そこにエトウ君とツヅキさんを呼び出し、その反応を伺うためである。

準備もあることだし先ずは試しと、一人その家に乗り込んだワダ君は、窓を開けて換気をしながら軽く掃除をしたり、水栓を開いて水回りの確認をしたりしつつ、何か起こらないかと神経を尖らせていた。

が、やはりそういったものと波長が合わない性質らしく、特筆するようなできごとは何もなかった。リフォームして間もなく家主が逃げ出したため、ほとんど新築のような屋内は、おどろおどろしさなどなく、せっかくの趣向が台無しになってしまうのではないかと不安になってしまうほど落ち着いている。

次の日、先ず電車に乗ってやってきたエトウ君を車で迎えに行き、その後、昼過ぎに車で現地入りしたツヅキさんと合流した。

適当に観光地を巡り、名物を食べる。二人はお互いが「みえるひと」だと言うことを知らない。ワダ君もそのことを彼らに伝えるつもりはない。

そして、これから向かう先が心霊物件だということも黙っていた。

二人が何を感じ、どんなリアクションを取るのか知りたかったため、先入観を持って欲しくなかったのだ。

ひとしきり遊んで夕方、ワダ君は、いよいよ宿である例の物件へと二人を案内した。

玄関前、二人はそれぞれ「おお」「りっぱな家じゃないですか」と言い、何かを感じている様子は全くない。やはりそんなものだろうか、ワダ君は、やや落胆しながら彼らを室内に招いた。

するとエトウ君が「あ、なんだか良い香り」と言い、ツヅキさんもまた「お香かなんか焚いてる?」と言う。もちろん焚いていない。ワダ君には何の匂いもせず、二人が何を指して「良い香り」だの「お香」だの言っているのか見当もつかなかった。

この家のことも、彼ら二人のことも黙っている以上、そのリアクションに詳しく突っ込むわけにもいかず「リフォームしたばっかりだからね」と返すぐらいが精一杯。

荷物を下ろし、リビングで缶ビールを開け、寒い中ご足労頂いたことに感謝を述べると、ワダ君は一息にビールを飲み干した、しかし二人は一口二口飲んで缶をテーブルに置く。

両者とも酒好きだというので山のように用意していたのだが、口に合わなかっただろうか？　当初の目論見も忘れ、ワダ君がそんなことに不安を抱いていると、エトウ君が「ちょっとだけ暖房強めてもらっていいですか？」と、手をすり合わせた。

室内は朝からエアコンをかけ暖かくしていたのに、それでも寒いのだろうか？　むしろちょっと暑いぐらいに感じていたワダ君には意外に思え、ツヅキさんに「やっぱ寒いですか？」と訊いてみたところ「ちょっとね、いくらか」との返答。

お化け云々よりも単に居心地が悪いとなれば主催者として宜しくない、ワダ君は寝室用に用意していたファンヒーターをリビングに運んで、スイッチを入れた。

それからは楽しい時間だった。

出前の寿司を食べながら、予め用意していた鍋をつついてお互いの一年を振り返る。エトウ君もツヅキさんも怪しい話は全く出さず、それぞれ仕事のことや家庭のこと、趣味の話などに花が咲き、笑いの絶えない時間だった。

ただ、やはり気になったのは二人の飲酒量が少ないこと、「どうせこのままここで寝るんですから、多少酔っ払ったところで大丈夫ですよ」と酒瓶を向けても「いやいやこれ、ガブガブ飲む酒じゃないでしょ」などとかわされる。

――あるいは何か警戒しているのだろうか？

ワダ君は内心でそんなことを考えつつ二人の表情を探るも、両者とも笑顔であり、リラックスしているようにしか見えない。

何かを見たり、聴いたりしているような様子でもない。

ワダ君は、この時点で更に落胆していた。

なんなら二人ともが「こんな家には居られない」となった場合に備えて、市内のビジネスホテルに電話し、空き部屋を確認するぐらいには用心していたので、あまりにも和やかに進む宴席に期待を裏切られたような思いでいた。

――もう少し何かないのだろうか？　少量とはいえ酒も入っているのだし、無礼講的に口をすべらせるようなことがあっても良いのではないか？

しかし、そのまま就寝後に至るまで何事もなく、彼らは無事に一晩を終えてしまった。

次の日は車で帰宅するツヅキさんを見送った後でエトウ君を駅まで送り「良いお年を」とあいさつを交わして別れた。

彼らが持つ能力のほんの一端でも垣間見ることができればと、大いに期待していたワダ君としては、なんともやり切れず、切ない気持ちだった。

彼らは自分のことを「霊能者だ」などとは言わない、ねだれば異様な話をしてはくれるが、基本的には黙っている。

なればこそ、そこに真実味を感じ、その能力に期待した上で誘ってみたものの、せっかくの会は怪に至らず、楽しく終わってしまった。

もちろん彼ら二人がどうというわけではなく、今回の家が実はなんでもなかったということはあり得る、また、体調の問題や、あるいは相性なんかもあるのかも知れない。

ただ、身勝手だと知りつつ、ワダ君はどうしても裏切られたような気持ちが拭えずにいた。

――楽しく過ごせたのだから良かったではないか。

それはもちろんそうだ、別に彼らに霊能力などなくても、友人同士楽しく過ごせたのならそれが一番良い。彼らだって、勝手な期待に晒され、無神経に落胆までされてしまったのではたまらないだろう。

悪ノリが過ぎたかも知れない。

ワダ君はその晩、絶交されることも覚悟の上で、彼らに電話をかけた。

エトウ君は電話に出ると開口一番「来ると思ってましたよ」と笑った。

「どういうこと？」面食らって言うワダ君に「あの家のことですよね？」との返答。

にわかに鼓動が早くなる、例の家がどうだというのか？

「あそこ流れが変になってるので吹き溜まってますよ、近くに井戸かなんかありませんか？　その中に水の流れを妨げるものがあると思うので、取り除くのが良いと思います」

実は……と語りだしたワダ君に対し、エトウ君は「いやいや、別に謝るようなことじゃないです、僕にとっては普通のことなので」と言い、更に「いやもしワダさんが何の裏もなく招待してくれてるんだとしたら、色々言うのは失礼だろうと思いまして」と続けた。

ちょっと泣きそうになりながら話を聞いていると「最初に『良い香りがする』って言ったじゃないですか？　あれ全然嘘で、本当は水が腐ったような酷い臭いだったんです、うわーこの家、って思いながらビール飲み始めたら、これはこっちの感覚だと思うんですけどヤバい味になってて、酒系は全部ダメでしたね、すみません、せっかく用意して貰ってたのに」朗らかに語る。

嫌な思いをさせて申し訳ないと再度謝ったところ、今度は「いやいや楽しかったのは本当ですよ、あのツヅキさん、何者なんですか？　なんなら彼に会わせたかったんですよね？」と言う。驚いたワダ君が黙っていると「最初ににおいの話出した時にすぐに合わせてきたんで『あ、この人』って思ったんですよ、そもそも何か変なモノ背負ってるのが見えたから、もしかしたらってカマかけてみたらノッて来たんで、いや楽しかったです」

エトウ君は「また三人で会いましょうよ」と言ってくれ、ワダ君の非礼も水に流してくれた。

ツヅキさんは「なに？　答え合わせ？」と言いながら電話に出た。

彼もまた家に入った瞬間「これはおかしい」と思ったとのこと。

「においに関してもそうだけど、あの家、異様にうるさかったんだよね、ずっと変な音してて」

まいったな、と緊張した瞬間、エトウ君が「良い香り」などと皮肉めいたことを言ったため「おや」と思い、符丁を合わせるように「お香の話」を持ち出したのだと言う。

「リビングがものすごく寒くてさ『ちょっと困ったなこれ』って思ったんだけど、でもわざわざエアコンで保温してくれてたのもわかるから言いだしづらくてね。そしたら彼が『暖房強めて』って言ってくれたじゃない、ああこれ間違いないやって、あのときワダ君、どうも彼らは、その後もワダ君にそうと知られないよう、世間話の中に符丁を織り交ぜつつ、互いを計りあっていたらしい。

「エトウ君、たぶんハッキリ見えてるんじゃないかと思うんだけど、二人が共通で認識している状況がありそうな場合でも、いきなり『幽霊とか見えます？』なんて言えないじゃない、だから会話の中でそれとなくジャブ打つみたいに『ある状況』を前提とした話をして相手の出方を見るの。今までも『あれ？　この人は』っていうタイプには同じようにして距離を測ったりしてたんでね、ただ彼ぐらい反応良かった人は久しぶり」

エトウ君と同じように、ツヅキさんもそのやりとりが楽しかったと語った。

「そういう意味では、俺らもワダ君にちょっと意地悪してたんだよ。あまりにも状況が整い過ぎてるから、君が何か仕掛けてるんだろうなってわかってたけど、あのままやり取りするのが面白すぎてさ、半分は無視するみたいになっちゃって、なんかかえってごめんね、謝罪は受け取るけど、こっちはこっちで性格悪い返し方したんだし、お互い様ってことにしようよ」

一枚も二枚も上手の返答を返され、ワダ君は電話口で思わず笑ってしまったそうだ。

※

「懐が深いっていうか、人間ができてるんですよね。こっちが試すようなマネしているのを見抜いた上で付き合ってくれて、その上『楽しかった』なんて、なかなか言えないですよ。だから俺は、そういう意味でもあの二人は本物だと思ってるんです」

ワダ君はそう言って目を細めた。

そのうち紹介して欲しいとねだってみると「いやだって中縞さんは面白がるだけで、そういうところリスペクト薄いじゃないですか？　嫌ですよ、俺の信用が崩れるんで」と断られた。どの口が言うのだと思ったが、確かに「面白ければなんでもいい」と考えている私などがその関係に介入するのは、あまりよろしくないかも知れない。

わかりきったこと

サトウ氏は、子供の頃から正体不明の存在に眠りを妨げられている。

眠っていると不意に耳元で「おい！」と叫ばれるらしい。

「時々あるんです、なんなんですかね」

この件に関して一番古い記憶は、小学五年、始業式があった日のこと。

「進級に合わせて自室を与えられたんです。それまでは兄と一緒に寝ていたので、初めて一人で寝た日でもあります」

両親が用意してくれた真新しいベッドで眠っていると「おい！」という怒声が響いた。

驚いて体を強張らせ、布団を被ったまま目配せするも、誰もいない。

「怖くなって兄の部屋に逃げました」

翌朝、両親にそのことを説明すると「一人寝に慣れないから怖い夢でも見たんだろう」

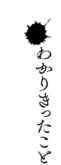

と笑われ、それで済まされてしまった。

「寝てたら『おい！』って言われてビックリするだけっていうのは、ちょっと間抜けな感じがあるというか、それも頻回ではなく時々ですからね、周りは本気にせず、冗談か何かだと思っちゃうみたいで」


なんだかんだで、もうかれこれ二十年は続いているため、今はさほど気にならないそうなのだが、疲れている時などに起こるとイライラするし、不愉快ではあると語る。

「結婚してからも続いているので、最初は妻にバレないようにしてたんですけど、ある晩いつもより大きな声で『おい！』って言われた時に飛び起きちゃったんですよ」

奥さんは急に取り乱した彼を見て心配し、病院を受診するべきだと言った。

「妻は看護師なんです。どうも、頭の中で爆発音がしたりする病気があるらしく、それかも知れないから、診てもらうだけ診てもらったらって言うもので……」

受診の予約をした日の夜、彼は再び「おい！」と言われ目を覚ました。

飛び起きるほどではなかったため「またか」と思い目を瞑ると、

――違うよ。

耳元でそう囁かれたという。

「いや知ってるよって、妻の手前そうせざるを得なくて病院の予約しましたが、こっちはもう二十年の付き合いですからね、そんなのわかり切ってんですよ、いちいちうるせーなって、あの時は腹立ちましたね」

病院でも「多分違いますね、様子見ましょう」と言われたそうだ。

悪夢

十年以上前の話。

某県庁所在地からの帰り、ノナカさんは快速電車に揺られていた。

地方都市間を結ぶそれは朝と夕の二便しかなく、いつも混雑することで有名だった。

指定席券を購入していたので座ることはできたが、窓側がよかったところ、既に売り切れており、通路側の席になった。

指定車両にもかかわらず、通路にも立ち乗りの乗客が溢れ、息が詰まる。

こんな状態で二時間の道のりを耐えねばならないのか、ため息をつき、目を瞑った。

どれだけ進んだ頃だろう、眠っていた彼女の耳は「オエッ」という声を捉えた。

直ぐにビチャビチャっと何かがこぼれる音が続くと、それと同時に着ていたコートの裾にかすかな重みを感じ、瞼を開けた。
はじめに目をやった先、コートの裾が赤く染まっている。
驚いて首を振ると、通路に立っている子供がもう一度「オエッ」とえずいた。
口の周りを真っ赤に染めた子供は、笑顔で覗き込むように見返してくる。
救急車だろうか、いやしかし今は列車の中、あれ、親は？
突然の事態に頭が追い付かず、周囲を見回し反応を伺うも、誰も関心を示していない。
血を吐いている子供がいるのに？

――え？

視線を戻した先、さっきまで吐血していた子供がどこにもいない。
コートの裾を染めていた血液も、いつの間にか消え失せている。
寝ぼけていたのだろうか？　夢だったのだろうか？
動悸を堪えながら、めまいを覚えて目を瞑る。

「オエッ」
再び聞こえる声。

慌てて目を開けると、彼女の前には口からダラダラと血をこぼす子供。
コートの裾にパタタッと垂れたそれが、ノナカさんの太ももに微かな重みを伝える。
人であふれる車内において、しかし誰一人この状況に反応しない。
女児は真っ赤な口を開け笑いながら、ノナカさんを覗き込んでくる。
――止めて！
叫んだ後、隣りに座っていた中年の男が「大丈夫ですか？」と声をかけてきた。
「うなされてましたよ」男はそう続け、ノナカさんにハンカチを差し出した。
大汗をかき、頭は水でも被ったように湿っている。
夢だったのだ、息苦しく不快な環境に影響され、悪夢を見ていたのだ。
――良かった。
男に礼を言い、視線を落とした先、コートの裾が赤黒く染まっていた。

飛び去り

その日、シラハタさんは朝から浴室の窓を開け換気をしていた。

良く晴れた日だったので、乾かした後にカビ防止の燻煙剤を焚くつもりだった。

昼過ぎに様子を見に行くと、風呂釜の中を小さい甲虫が這っていた。

窓から入って来たのだろう、シラハタさんはシャワーを手に取り、水が飛び散らないように注意しながら、その甲虫を下水に流すべく水をかけた。

するとその途端、風呂釜を這っていた甲虫は真っ白い蝶になり、力強く羽ばたいて、ひらひらと窓から出て行った。

「ポップコーンみたいでしたね」

シラハタさんはぎょっとして、蝶の出て行った窓を閉め、風呂釜を水で濯いだ後、燻煙剤を焚いたという。

子供っぽかった

昼間、散歩をしていたところ、便意をもよおしたのだとタダさんは言う。

当初は我慢の範囲内だったものの徐々に切迫感が増し、五分ほど歩いた段階で、ちょっとどこかに駆け込まないとマズいぐらいになってしまった。

「人口の少ない町だと昼間から散歩してる四十代のオッサンは怪しまれるんだよ、それが嫌で町の外れとか人目の少ないところを散歩コースにしてたんだわ」

つまり、彼が歩いていた付近にはコンビニや商店どころか人家すら殆ど無い。

立ちションならまだしも野グソとなると難易度が高い。困ったな、と立ち止まり腹の調子を伺っていたところ、ふと閃いた。

「そういや近くに公園があったなと」

彼が子供の頃に整備された小規模な公園、中年の独身者には場違いな感じがして最近は立ち寄らなくなっていたが、あそこには公衆便所があったはずだ。

一時的に便意の波は落ち着いてきている、しかし次の波がやってくるまでにそう時間はかからないだろう、今のうちにと早足で歩み出した。


内側から肛門にかかる圧を抑え込みながら十分弱、無事に公園に到着したタダさんは、一目散に便所に向かう。

「そしたら俺と逆方向から走って来た子供が俺より一足先に個室に入って行ったんだ」

一昔前に作られた公衆便所のためか男女の別が無く、男性用の小便器が二つと、個室が一つに手洗い場という最低限の構成。

「もう出せると思って気を緩めたところだったからまいったよ」

こんな町外れの公園で便所を争うことになるとは夢にも思わず、公衆便所の存在を確認した時点で殆ど油断のような気持ちが芽生えていた。

苛立ちはあったものの相手は子供である、急かすような真似はしたくない。

タダさんは大人の理性で迫る便意を押し殺しつつ、ゆっくり呼吸をしながら待った。

「それが待っても待っても出て来ねえんだ、子供」

既に十分は経過していた。その時の彼にとってはあまりにも過酷な待ち時間。相手は子供、中でイタズラでもしているのならばすぐにでも出てきて欲しい、タダさんは祈るような気持ちで個室ドアをノックした。

「なんの反応もなくてさ」

ノックによって、驚かせたかも知れない。そうなるとかえって外に出づらくなるのではないか？　便意に気を取られ男の子だったか女の子だったかも判別できなかったが、サイズ感としては幼児と思しかった、怖がらせるのはまずい。親でも居てくれれば話は早いのだが……おや？　そういえば親はどこだろう？

平日真っ昼間の公園には、快晴の下ぽっかり間の抜けた空気があるのみで、子供どころか車一つ止まっていない。

——もしかして、見間違えだったのか？

目視した上「幼児だ」と思ったのだから、そんなわけはないはず、しかし周囲の状況と照らし合わせて考えてみるとどうにも不自然。昼間とはいえ人家もまばらな町外れの公園なのだ、幼子が一人で遊んでいるものだろうか？

「でさ、ドアノブみたら鍵かかってないんだよ」

表示錠の表示が緑色のままだった。

首をひねりつつ、何か確信のようなものを覚えた彼は思い切ってドアを開けた。

「子供、いなくてさ」

汲み取り式便所であったことから、万が一を考えて便槽の中に目をやり声をかけてみるも、子供が落ちているような様子はない。

たじろぎつつ便器にしゃがみ込んで用を足した後、タダさんは釈然としないまま家路についたという。

※

「あれ、どういうことだったんだろう、あの時は確かに『子供だ』って思ったんだけど」

便意に苛《さいな》まれていたとはいえ、間近で見ている割に彼の語る印象は不明瞭。

男か女かも判断できず、それがどんな表情で、どんな服を着て、どんな様子で個室に入って行ったのか、彼の記憶の中にはそれに該当する情報がないらしい。ただし、それを「子供だ」と認識したことは事実であるのだから、それが可能なだけの何かは見ているはず。

「俺の中の記憶をそのまま言うと、あれは『子供を思わせる動作で動く真っ白い人型のモノ』だったとしか言えないんだ。俺はそれをなぜか『実在の子供』だと認識して、便所待ちまでしたってわけ。今考えると便所のドアも開けてなかったんじゃないか、それを不思議に思わなかったのも逆に不思議。まぁ、見間違えの類なんだろうけれど」

※

単なる情報として付記しておくと、その公園のトイレでは十数年前に十代の少女が嬰児を出産後に遺棄し死亡させるという事件が起こっている。タダさんはどうやらそのことを知らない様子だったため、こちらもあえて伝えなかった。嬰児と幼児ではシルエットも動き方も全く異なるので、もちろん彼の体験との関連は不明だ。

お迎え

「毎朝駅まで按摩の先生を迎えに行くんだわ」

サトミ君は医院で事務職として働いている。それは日課のようなものだった。

彼の勤め先では治療の一環としてあん摩やマッサージを取り入れており、理学療法士と共にリハビリ業務の一翼を担っているそうだ。

「視覚障害のある爺ちゃん先生でね、いつもホームの椅子に腰かけて待ってるから、その介助ってことで駅員も顔パスで改札通してくれんの」

その日も、先生は椅子に腰かけ彼の迎えを待っていた。

しかし、近づいてみると、いつもと様子が違う。

「なんか喋ってんだよね、楽しそうに」

まるで隣の席の誰かと会話でもするように、頷いたり笑みをこぼしたりしている。

「でもさ、周りには誰もいないわけ、先生だけがホームでぽつんとしてんだ」

独り言？　齢も齢だし認知症のようなものだろうか？　そんなことを考えながら、サトミ君は先生に「おはようございます」と挨拶をした。

先生は彼に「おはよう」と返したあと、サトミ君のいる反対方向、誰もいない虚空に顔を向け「どうですか？　せっかくですから一緒に車で行きましょう」などと言う。

「何言ってるんだろうと思ったけど、とりあえず様子見」

すると先生は「ああ、そうですね、じゃあお先に行って待ってますんで」と続け、サトミ君に向けて手を差し出した。

その手を取り、いつものように改札を抜け、先生を車に乗せる。

車中、先生は「ハダさんは元気で羨ましいね」とサトミ君に言った。

「それ聞いて、俺、ゾワッとしてさ」

ハダさんは腰痛持ちの老人で、電気治療やマッサージを受けるため足繁く病院に通っていた常連だったが、数日前に家族が「亡くなりました」と訃報を知らせに来ていた。

「菓子折り持参で『こちらには本当にお世話になって』って頭下げられたよ。家で急に倒れて救急車で指定病院に運ばれたけど間に合わなかったみたい、心筋梗塞だったたって」

どうやら先生にはそのことが伝わっていなかったらしい。

サトミ君は返答に窮し、適当に返事を濁してその場を乗り切った。

「いやだってさ、そんなこと言われて『いや死にましたよ』なんて言えないじゃん」

とは言っても、このまま聞かなかったことにするのも違うように思え、かといって誰にどう相談を持ちかけるべきかも迷い、彼は困り果ててしまった。

「タイミングがタイミングだったから、認知症とかとも違うんじゃないかと思って」

さしあたってどうすることもできない、何か問題が生じたなら適宜対応することにし、素知らぬ顔で一日を過ごした。


業務が終了し、夕方。

「今度は駅まで送って行くんだけども」

妙なことを言われなければいいなと思いつつ、先生を車に案内する。

駅までは五分ほど、いつもなら挨拶以外ほとんど会話はない。

――そういえば、朝はすまんかったねぇ。

先生がそう切り出した時、サトミ君はドキリとした。

「朝にさ『先に行って待ってる』なんて言ってたから、恐らく業務中に例の話題が出たんだと思うんだ」

先生はそこで初めて、ハダさんの死を知ったのだろう。

「まぁ謝られるようなことじゃないし、なんなら黙ってた俺の方が悪いわけだから」

いえ、と言葉少なに返事をした彼に先生は言った。

「俺ぁ目ん玉がこんなだから、昔から騙されやすいんだ、もっとも死んだ人間に声かけられて話し込んでしまうようでは、耄碌《もうろく》も極まったな」

「そっから間もなくだよ、先生が亡くなったの」

自宅で突然倒れ救急車で運ばれたが手遅れだった。

心筋梗塞だったという。

お知らせ

ミカさんから「変な夢を見た」と電話が来たのは数年前のこと。

彼女は私が妙なできごとに目がないことを知っており、連絡をくれたのだった。

「多分、何か意味がある夢だと思うから一緒に考えて」

占い師でもカウンセラーでもない私に、一体何を期待しているのかと困りつつも、面白そうではあったので、彼女の指定する喫茶店に出向いた。

彼女が語った夢の内容は以下のようなものだ。

付き合っている彼氏とともに車に乗っている。彼氏は運転席に、ミカさんは助手席に乗ってドライブを楽しんでいたところ、長いトンネルに入った。そのトンネルは薄暗く、壁が脈打つように蠢《うごめ》いており気持ち悪かった。嫌だなと思いながら我慢していると、やがて真っ白なセンターライン上に白い服を着た女性が立っており「危ない」と思う。その女を横目に通り過ぎた直後、大きなクラクションが鳴り、何事かと車内で振り返ったミカさんは、後続のトラックが白い女性を跳ね飛ばした瞬間を目撃した。

意味ありげと言えばたしかにそうなのだが、良くある悪夢の類でもあるように思う。

そう感想を漏らした私に、ミカさんは深刻そうな顔で「あの白い服の女、私の後輩なんじゃないかと思うんだ」と言う。彼女によると、夢の中で女性が跳ね飛ばされた瞬間、その後輩のことが頭をよぎり、思わずその名前を叫んでしまったらしい。そして、自分が発したその叫び声で目を覚ました、と。

「それでね、ここから先は夢だったのかなんだったのか、わからないんだけど、泣きながら目を覚ました私の枕もとに、その後輩が立ってたの。パッと消えちゃったから一瞬のことなんだけど、あの娘、私の方を指差してたんだよね……」

単なる夢の話かと思いきや、思いもよらず「出た」話になったことに驚きつつ、私は興味本位から「じゃあその後輩に連絡してみたらいいですよ」と言った。

「もうしたよ、でも、しばらく前から返信もないし電話にも出ないの」

後輩は遠方で暮らしており簡単には会いに行けない。

にわかに不安になった彼女は、しかし、そんな特殊な状況を誰に相談したものかと迷い、私に連絡をしたのだそうだ。

このような場合、ヘタなことを言うと碌なことにならない。

何かを言ったら言った分だけ、責任が生じてしまうからだ。

正直「しばらく連絡が付かない」という段階で、私もなんだか嫌な予感はしており、黙ってはいたものの「これは本当に何かあるのでは？」と思っていた。

が、そんなことを述べても何の解決にもならないし、彼女の不安を煽るばかりで事態はかえってややこしくなるだろう。

触らぬ神に祟りなしとばかりに、その後は当たり障りのない会話に終始し、不安を吐露する彼女に延々と相槌を打ちつづけた。

「いや、でもなんか話してるうちに落ち着いてきたよ。ごめんねー夢ぐらいで呼び出しちゃって、便りの無いのは良い便りって言うしね、そんなに騒ぐことじゃなかったわ」

二時間後、行ったり来たりしながらようやくたどり着いた結論がそれだった。

妥当なところに落ち着いてなにより、これで何事も無ければそれで良い。

彼女と別れた後、私はそんなことを思いながら帰宅した。


その晩のこと。

——後輩、亡くなってた、自殺だって。

というメッセージがミカさんから届き、私は言葉を失った。


ミカさんは私と別れた後、やはり不安を拭いきれず、昔付き合いのあった後輩との共通の知人に向け、手あたり次第連絡を入れたという。

「『え、知らなかったんですか？　間もなく四十九日ですよ』なんて言われたよ。みんな『自分以外の誰かが連絡しただろう』って思ってたらしくて、もっとも内容が内容だから、仲の良かった私に伝えるのもストレスだろうしね、敬遠されてたのかも」

亡くなった後輩は結婚を間近に控え妊娠もしていたのだが、婚約者の裏切りに遭い、自ら命を絶った。そんな経緯だけに通夜は行われず、葬儀も身内のみで済まされていた。

「結婚式の準備や何やらで忙しいんだろうなと思って、返信が来なくても納得してたんだけど、あの娘との連絡、一ヶ月以上空いたことなかったのにさ、私、気付けなかったよ」

彼女は嗚咽を漏らしながら続ける。

「だから、あの夢、やっぱりそういうことだったんだと思う。四十九日が過ぎる前に、私に知らせてくれたんだと思う。明日、ちゃんとお別れしてくる」

電話口でそう語って、ミカさんは通話を切った。


一連の内容を聞いた後、唯一腑に落ちなかったのは、夢枕に立った後輩がなぜミカさんを指差していたのかだった。あるいは、彼女が考えている以上の意味がそこにあるのではないか？　私は、どうにも嫌な予感を払拭できずにいた。

数年経った現在、私が当時感じた疑問は解消されている。

ただ、詳しい内容に関しては思い出すだけで気が滅入《めい》るため、「当時ミカさんも妊娠していた」とだけ付け加えさせて頂き、詳細は伏す。

成り格

色々と問題があるので時期は伏せるが、ある人物の紹介を得、一度きりとの条件を付けられた上で、プロの霊能者の方にお会いしたことがある。

「プロの霊能者」というのは私が勝手にそう呼んでいるだけで、つまりは「霊能力でお金を稼ぎ暮らしている人」のことである。

カトウと名乗った彼は、代々そのような仕事をしている家系に生まれ育ち、能力においても仕事においても全ては自分の親から引き継いでいるのだと語った。

仕事の内容も方々に出向いて悪霊退治をしたり、何か奇跡的なことを起こして回るわけではなく、代々付き合いのある旧家など特定の資産家の家に出向き、占いや土地家屋の鑑定、厄落としなどをするのが主なのだそうだ。

「ルート営業だよね、基本」

にこやかにそう語るカトウ氏は「僕が相手をしているお金持ちっていうのは、一日二日で成り上がった人達と違って、もうどうしたって金から離れられないような、金に呪われたような人達なんだ。だから色んな所に顔が利くし、お化けなんてものよりもずっと怖い人達が多いよ」などと言う。

少しキナ臭いというか、あまり深入りすると良くない雰囲気があったため、その界隈のことにはあまり突っ込まず、単刀直入に「今まで対応した中で一番ヤバかった事案はなんですか？」と質問したところ、以下のような話をしてくれた。

※

本当は僕なんかが出向いていくようなケースじゃなかったんだけど、懇意にしているお得意さんからの頼みで断れなくてね、仕方なく引き受けたんだ。

普通の貧乏そうな戸建ての一軒家なんだけど、その家の旦那、二階で首吊ってて、そこにそのまま固着しちゃって、何しても消えないっていうんだな。うん？　そうそう、奥さんが幽霊を見ちゃうってこと。

最初はその辺にいる坊主だの神官だの呼んで色々してもらったらしいんだけど全然効果なくて、次にいくらか手間のかかる拝み屋だの除霊師だのを呼んで色々してもらったんだけどそれもダメ。で、その頃からちょっと話題になったんだよねその家、業界内で。

僕のような形態で仕事してる人間って他にもいるんだけど、彼らは彼らで太い顧客持ってるの、だから普通はそんな金にもならないケースには手を出さないんだけど、その時は色々あって顧客同士で意地の張り合いっていうか「うちのお抱えの方が優秀だ」っていう、そういう流れになってた時期で、タイミングよくその家の話が聞こえて来たもんだから、面倒なことになっちゃった。まぁ腕比べだよね除霊の、誰がそれを除けるかっていう。

どこどこの何某《なにがし》が行ったけど手出しできなかったとか、あそこの誰々まで呼ばったのに恥かいたとか、もうてんやわんやでね。ハッタリかましてた奴らが軒並みクビ切られたりしてて、それはそれで面白かったんだけど、結局いつまでも解決できず長引いちゃったせいで、うちのお得意さんもそれに巻き込まれてしまったんだよ。

顧問料を頂いてるから頼まれれば仕方ないよね。そもそも傍から聞いてる分には面倒くさいことなんかなさそうだったし、その時点では首吊った旦那さんよりも奥さんの方に問題があるんだろうなって睨んでたから、ちゃちゃっとやって終わるだろうって考えてたんだ。

でも、実際に出向いたら本当にヤバくてね、完全に初めてのケースで。奥さんの方には何の問題もなかった。その点で僕も舐めてた、まるっきり読み違えてて。じゃあ首吊った旦那さんが強烈に祟ってる話かっていうとそうでもなくて、問題の本質は「他の奴らが好き勝手に色々やっちゃったこと」にあった。

旦那さんの、まぁこの場合便宜的に「霊」って呼ぶけど、霊は、恐らくそのまま放置してれば固着なんておこさずに消えてたはずで、奥さんが思い入れてたから、それが少し遅れた程度のものでね、そもそも何かに「成る」ような格じゃなかった。

それをさ、坊主だ神官だ拝み屋だ除霊師だその他もろもろが、寄ってたかって自分の理《ことわり》で色々やっちゃったもんだから、逆にその部屋に封じられて出られなくなってたの。

もう部屋中に仏像だの札だの香だの壺だの、何かわけわからん梵字《ぼんじ》の半紙だのそんなもんがべったべたに貼られたり置いてあったり、ほんと何か新しい宗教みたいだったよ。

でだ、部屋から出られなくなった旦那さんを、更に皆で寄ってたかってタコ殴りしたわけじゃない？　自分たちで道塞いでおいて、どっか行けだの消えろだの、気持ちはわかるだのわかんないだの、めたくたにしたせいでね、僕が行った頃には旦那さん、恐らくだけど、殆ど神格に近いところまで「成って」た。

説明すると長いし面倒だから簡単に言うとさ、人間って枠によって規定されるんだよ。時代や国や社会や家族、小さい単位で言えば名前なんて正にそうで、そうやって設けられた「枠」によって、人間は人間でいられるわけ。その中でもっとも強い枠が肉体で、死んでしまえばそれは無くなるから、一段格が上がる。

でも人間として死んだ、いわゆる「魂」は死んだ後も律儀にその枠に納まろうとするの、せっかく死んだのに自分を規定してた枠を手放せない。だから生まれたり死んだりを何度も繰り返して、その枠を徐々に取っ払っていくってのが本道なんだけど――まぁいいや、大体そんな感じなわけ。

旦那さんもね、もし何もなければ自然に別な形を与えられて、そこで繰り返しゆっくりと枠を解除していく過程にあったんだろうけど、ようはさっき言ったみたいにぐっちゃぐちゃにされた結果、奇跡的にその枠が全部取っ払われちゃって、人間性の欠片《かけら》も無い、なんだかわけのわからないもんになってた。

いやほんと、どうしようかと思って。こんなの相手にする方法がそもそもわからんし、でもここで引いたらお得意さんの顔が潰れるしってことで色々考えて、結局、その部屋、全部掃除したんだ。

何もかも剥がして捨てて窓開けて、ホコリも汚れも全部取り除いて、逃がしてやったんだ旦那さんを。それしかないじゃない、あのまま放置してたら、どんなナニになるのか予想もつかないんだから。

いやまぁ、その家は落ち着いたけどね、ただアレは既に「成り格」だから、出て行った先で何らかの枠に捉えられた時なんかに、場合によっては大変なことになるだろうね。

ああいや、そもそも普通に生きている上でも事故に遭ったり災害に遭ったり、酷い目に遭うことってあるでしょ？　そういう風にして降りかかってくるものだから、一般の人にはわかんないよ。僕なんかはもちろん逃げるけど。

さぁねぇ、どうなったんだろうアレ、どっかで落ち着いていればいいね。

余計な世話

ミナト君は当時小学四年生、性格の問題なのか同年代の子供達とはしっくりいかず、仲間外れにされることが多かった。そのため放課後や休日はいつも一人で遊んでいたそうだ。

ある日のこと、自宅から遠くない県道沿いの雑木林に小さな石祠《せきし》を見つけた。

おや？　と思い道を外れ、草むらを押しのけて進んだ先、祠の前にしゃがみ込んだ彼は、まじまじとその様子を観察した。

「形はしっかりしていて、欠けたり崩れているとかではないんだけど、かといって立派でもなく。取り残されているというか、忘れられているというか、寂しい感じで」

なんだか気の毒に見えてならない。日も当たらず湿気った雑木林の中で苔に蝕まれるように佇んでいるそれは、枯れ果てる寸前のような弱々しさでシュンとしている。

「そんで、その日の晩、祖父ちゃんに訊いてみたんだ、祠のこと」

彼の祖父によれば、祠は地元の旧家が屋敷神として祀っていたもので、その家が絶えてからは管理もされず、朽ちるに任せてあるとのことだった。

「土地ごと売りに出されているから、イタズラするなよ、ってさ」

イタズラをするつもりは更々なかった、ただ、放ってもおけなかった。


次の日、ミナト君は学校が終わると、田園地帯の用水路に向かった。

「例の祠にお供え物をしなきゃって、なぜかそのことで頭がいっぱいになってて」

水面を眺め目星を付けた後、素足で水に入り手掴みでザリガニを捕まえると、用意していたビニール袋に放り込んで例の祠に向かう。

「駄菓子でもオニギリでも、他に供えられそうなものはあったはずなのに、どうしてか『活きの良い生き物』でなければいけないような気がして、ザリガニにしたんだ」

今しがた締めた活きのいいザリガニを祠の小さな扉の前に置き、手を合わせる。

「それからは殆ど日課、暇さえあれば、せっせと供え物をし続けた。長くても三日以上は空けたことなかったんじゃないかな」

用意する供物は基本的にザリガニだったが、季節によってカエル、トンボ、セミ、イモりにトカゲなどなど、旬のモノも取り入れた。

「ザリガニは春夏ぐらいしか獲れないと思われがちだけど、真冬であっても用水路だの畦《あぜ》だのの土を掘っくり返せばいくらでもいるんだよ」

彼によればそれらの生き物を「食べやすいように」二つに割ったり、潰したり、それなりに手を加え供していたらしい。

「妙なんだけどさ、生きたままとか半殺しとかじゃなく、ちゃんと殺してから供えないとっていう義務感があって、料理みたいな気持ちで」

そんなことを、一年以上続けたのだと彼は言う。


しかしそこまで足繁く通い詰めて周囲から不審に思われなかったのだろうか？

「もともと一人で遊んでたしね。子供の遊びが屋外から室内でのファミコンに移行した時期だったってのもあるのかな。『外で遊んで偉いね』なんて褒められこそすれ、咎められることはなかったよ」

もう一点気になったのは、供え続けていたという「生モノ」の後始末である。

小さな生物とはいえ、それだけ頻繁に繰り返せば腐ったり悪臭が出たりしそうなもの。

「それに関しては全く問題なかった。次の日にはキレイさっぱりなくなってたからね。当時は『祠の神様が食べてくれてる』なんて思ってたけど、恐らくカラスとか猫とか、あの付近の動物が処理してくれてたんじゃないかなと、ほんと、そうだったらいいなと……」

その日、ミナト君はザリガニを手にしたまま、祠の近くに立ち尽くしていた。

いつもならすぐさま頭を潰すなり二つに折るなりして供えるのだが、とてもできない。

「前日までは変わりなかったのに、俺の知ってる祠じゃなくなってて」

打ち棄てられ弱り切り、まもなく枯れてしまいそうだった印象が消え失せていた。

逆に、祠は隆々とした力強さを湛え、彼を飲み込まんばかりに圧迫してきたという。

急速に体温が奪われていくような感覚の下、ミナト君は歯を鳴らし、叫び声を上げることすらできなかった。

「形が変わったわけでも、何か異常なモノが見えたわけでもない。あくまで印象の話なんだけど、禍々しいっていうかね、ただただ怖かった、体の震えが止まらなくて」

経験したことのない恐怖から金縛りにあったように硬直していると、突然、右手で掴んでいたザリガニがガチャガチャと身悶えした。

「その瞬間、祠の気配がザリガニの方に逸れたんだよね、不意に体が軽くなって」

ザリガニをその場に放り、一目散に逃げだす。

「怖い、怖い、ってそれだけ、家に帰っても震えが止まらなくて熱まで出た」

その熱もなかなか下がらず、体調が戻るまで一週間を要したそうだ。

幸いなことに大事には至らず解熱したものの、一年以上に渡って続いた祠への献身は、その日限りで途絶えた。

以降、現在に至るまで、例の雑木林には近づかないようにしていると語る。

「今考えれば、なんであんなことしてたんだろうって」

ミナト氏は祠にザリガニを捧げた日々を後悔している。

「俺が供え物をしなくなって間もなく、雑木林に面する県道で交通事故が起きてね、一人亡くなっているんだけど、見通しの良い直線道路なんだよ、道幅も広くて、それまで事故なんて起きたことなかったから、近所の人たちも不思議がっててさ」

それから三十数年、規模の大小はあれど、その道路では交通事故が絶えない。

「ついこの間も自損事故があったようだよ。あの祠、多分まだあるんじゃないかな。どんな神様が入っているのか、実際、それが神様なのかどうかもわからないけど、きっと皆、祠の存在なんて気にもしていないだろうし、供物なんて誰もあげないだろうから。自給自足っていうかさ……そんなんじゃなければいいなって」

周囲の宅地開発が進むなか、祠のある雑木林は現在も売れ残っている。

楽しそうな通り

今から二十年ほど前、コマツ氏はブラック企業に勤めていた。

「若かったしさ、就職難の頃でもあったから、自分の好きな業界に入れただけで誇らしいような気持ちになってたんだ」

ミスをすれば殴られ蹴られ、ミスをしなくても小馬鹿にされて、それでも仕事があるだけありがたいと、歯を食いしばる日々。

「上司は『お前らはまだ幸せだ、俺らの頃は』が口癖でね。『倒れる時は前のめり』って、俺もすっかりその気になって、限度も知らずに働いてたよ」

勤務時間は休憩を含め九時から十八時までのはずが、定時で帰れたことなど一度もなく、会社に泊りがけで仕事をすることもザラだった。

「帰れたとしても終電近く、家に着いて持ち帰りの仕事して、寝れたところで四時間ぐらい。それで残業代すら出ないんだから、今考えると笑えるよな」

そんなコマツ氏には当時、夢があった。

「一度でいいから定時であがって、帰りに飲み屋なんかで一杯やって、ほろ酔いで家に帰って思いっきり寝るっていうね、それが夢だった」

ちょうど、彼の家から最寄り駅までの間に、理想的な通りがあったという。

「電車を降りてヘロヘロになって帰る途中で、楽しそうな声が聞こえてくるんだ、老若男女分け隔てなく、気持ちよく酔っぱらってるような声」

歩いている通勤路の一つ向こう、ほんの五十メートルほど進んだ先に、その通りはあるのだが、一度も足を踏み入れられなかった。

「夜になるとキラキラしてんだ、楽し気な音楽が鳴ってて、ああ寄りたいなぁって毎回思うんだけど、少しでも寝ないと体が動かなくなるのがわかってたから、我慢していた」

少ない休日に、何度か足を向けてみようと思いもした。しかし仕事のミスがあった場合、夜中であっても電話がかかってくるような会社だったため、もしもの場合を考えると自宅で待機しておくに越したことはないと考え、堪えた。

「社畜の鑑みたいな考え方を刷り込まれてたから、自分以外の誰かが働いてるんだと思うと気持ちなんて休まらないんだ。ずっと会社に監視されてるような感じで、休みの日の行動まで縛られて」

結果、肉体的にも精神的にも削られきった挙句、コマツ氏は、ある日ポキリと折れた。

「気が付いたら田舎に帰ってて、実家でぼんやりしてた。憶えてないんだけど、どっかのタイミングで両親に泣きながら電話して、迎えに来てくれって懇願したらしい」

それから数年間は精神的な不調に悩まされたものの、故郷の空の下、無理をしない生活を続けることで、なんとか持ち直すことができたと語る。


「それでいつだったかな、もう六年ぐらい前か」

田舎に出戻って以来はじめて、コマツ氏は若かりし頃に住んでいた街を訪れた。

彼にとって、それはある種のケジメだったそうだ。

「前後不覚で退場しちゃったからね、十年以上経って、やっと調子が戻って来たのを幾に、例の夢を叶えようと思ったんだ」

キラキラして、楽し気な音楽が鳴り、笑い声が響いていたあの通り。

「一杯飲んで、いい気分でぐっすり眠って、そうしたら若かった頃の自分が少しでも報われるんじゃないかな、と」

地元に根を張り、社会人として抜かりなく勤めを果たせるようになった今こそ、自分の中にある苦い時代の記憶を清算することができるはず。そんな気持ちで電車を降り、改札を抜けた。

「何もかも変わってて驚いたよ、記憶とは全然違ってて」

再開発された駅の周囲を行ったり来たりしながら、徐々に街の面影を思い出してゆく。死にそうな思いで日々通った通勤路も、もはや懐かしい。

――あこの道だ、ここ真っ直ぐ行ったところを右に折れると、あの通りがある。

胸の高鳴りを抑えつつ、記憶をなぞるように進んだ先、彼の目の前に現れたのは、まさかの霊園だった。

「そりゃ、かなり変わってるだろうとは思ってたけどさ」

おかしい、どこをどう確認しても、あの通りがあった場所で間違いないはずなのに、自分が目にしている霊園は十年二十年ではきかないほどの歴史を感じさせる。

「スマホで確認しても、周囲の人達に訊ねてみても、ずっと墓地だったみたいで」

すると、当時見ていたものは。

「客観的に考えると、俺はあの頃、墓地を見るたびに『楽しそう』と思ってたってことになるよね」

つまり――

「うん、死んで花実が咲くものかってね。よく我慢してたよ、偉いよ、俺」

友人の店だった物件

ツガワさんの友人は三十歳の時に個人で眼鏡屋をオープンさせた。

もともと大きな眼鏡チェーン店に勤めていた友人氏は、眼鏡に対する思い入れが強く、自分のこだわりを生かした店を作りたいのだとツガワさんに常々話していた。

努力の甲斐あって夢が叶った日、祝儀代わりに眼鏡を購入したツガワさんに対し「これからもごひいきに！」と嬉しそうに頭を下げた姿を、彼は鮮明に憶えているそうだ。

しかし、その店は二年ほどで潰れてしまう。

立地が悪かったのか接客が悪かったのか、あるいは運が悪かったのか、後から聞いた話によればかなりの額の借金が積もり、首が回らなくなっていたらしい。

ツガワさんも「また買いに行くよ」と調子よく言ってはいたが、眼鏡などそう頻繁に購入するものではないし、足繁くメンテナンスに通うような性格でもない。

振り返ってみれば友人氏の店を訪れたのはオープンの際一度きり。

「悪いことしたなっていうか、もっと気にかければ良かったなと」

ツガワさんが後悔するのは、その友人氏が自殺してしまったからだ。

貯金をはたいて購入した猫の額ほどの土地に、借金で建てた小ぢんまりした店舗。

こだわりが詰まったその店舗で、深夜首を吊ったのだという。

死因が死因だったことから葬儀も寂しいもので、両親以外はツガワさんをはじめ、親しかった友人数人のみの参列だった。

「店はちょうど俺が通勤に使う道の途中にあってね、車で通りかかると店先を掃除するアイツの姿をちょくちょく見かけてさ。『お疲れ!』なんて声をかけたりはしてたんだ」

ただそれは友人としての挨拶であって、客として店に金を落としたわけではない。

その度に笑顔で手を振っていた友人氏がどんな気持ちであったかを考えると、ツガワさんはいたたまれない気持ちになってしまうのだと語る。

通勤のたびに目に入って来る彼の店舗、既に売りに出されシャッターが閉まっているその前を通るたび、心の中で手を合わせる日々。

「あん時は残業があって、いつもより帰りが遅くなったんだ」

深夜に近い時間帯、車を運転し家路を急いでいると潰れた眼鏡屋の前にさしかかった。

「電気が点いてるように見えた」

正面はいつもどおりシャッターが下りたまま、しかし側面の窓から明かりが漏れていた。

買い手が決まったのだろうか？　あるいは不動産業者が何か仕事をしているのか？

店が潰れてから既に半年である、何か動きがあっても不思議ではない。

「どうしてだったんだろうな、いつもならそんなことしないんだけど」

仕事で疲れていたせいかも知れない、ツガワさんは潰れた眼鏡屋の駐車場に車を停め、明かりの漏れる側面の窓から中の様子を伺った。

「ほんと、なんでだったんだろう、吸い寄せられるみたいだったな」

窓から覗いた店舗内、こだわりの内装は既に無く、がらんどうの無機質な空間の端で発光しながら揺れるそれは、首を吊った状態の友人氏だった。

――え？

思った瞬間、ふっと明かりが消え、真っ暗になる。

弾かれるように走り出し車に飛び込むと、歯を鳴らしながら家に帰った。

次の日、あるいは誰かが本当に首を吊っていたのではないか？　と考えたツガワさんは、会社に向かう途中で再び眼鏡屋に寄り、同じ窓から中を確認した。

「アイツの親父さんとかさ、見てられないほど気落ちしてたから」

覗いた店舗は前夜と同じく、がらんとしていた。

「まぁ、誰も首なんて吊ってなかったよ、それは良かったんだけど」

であれば、やはりそういうことなのだろうか。

「思い入れのある場所にずっといたいのかもな、だったら首吊った恰好じゃなく店先で掃除でもしてりゃいいのに……」


そのできごとから五年、店舗はまだ空き物件のまま。

「別に噂になったりしてないから、アレは俺だけに見えるもんなのかも」

今でも仕事が遅くなった際に窓から明かりが漏れているのを見かけるが、ツガワさんが立ち寄ることはないそうだ。

英語

マツダ君が中学生の頃の話。

部活の朝練のため毎日六時半に家を出ていた彼は、その日も「行ってきまーす」と言い、家を出ようとした。いつもなら玄関近くにある祖母の寝室から「行ってらっしゃい」と返事があるのだが、その日はなぜかペラペラとした流暢な英語が聞こえた。ラジオでも聞いているのだろうか？　と思いはしたものの、どうもそれが祖母の声に聞こえてもおり、気になった彼は「ばあちゃん？」と声をかけながら障子戸を開けた。

彼の祖母は安らかな顔をし、布団の中で冷たくなっていたそうだ。

幽霊の感じ方

ハシダ君は子供の頃からテレビゲームばかりやってきた。

外で遊ぶことはほとんど無く、学校から家に帰ればゲーム三昧。

両親が共働きで不在のことが多く、勉強の成績もそこそこ良かったことから注意もされず、彼の生活スタイルはずっと変わらないまま大学生になった。

それまではテレビゲームが友達であり、生身の人間と交友関係を築いたことは無いに等しかったが、大学は集まる人間の種類が豊富だったのもあって、ハシダ君にも仲良く喋ったりできる友人が複数できた。

彼らはハシダ君のようにゲームばかりしてきた人間とは違い、それぞれが中学生らしく、高校生らしく、それなりに青春的な流れを経てきた人々で、ハシダ君と比べると実生活における経験値が豊富なようだった。

そんな友人達に助けられ、場合によってはハシダ君が彼らを助け、お互いに絆を深め合って二年目の夏、彼らは肝試しをすることになった。

住んでいる街の郊外にある廃工場に忍び込んで写真を撮りまくり、後にそれを皆で吟味しながら、心霊写真が撮れていないか検証する、そんな企画だった。

ハシダ君には馬鹿げたことのように思われ、全く気乗りしなかった。

ただ、自分のように社会に不適合をおこしている人間とも分け隔てなく付き合ってくれ、折に触れて手助けもしてくれる好ましい彼らの人格は、あるいはこのような馬鹿げた経験を繰り返し共有することで形成されたのかも知れないという考えに至り、気乗りしないままに、結局、参加することにした。

廃工場は外から見る分には生々しかったものの、中に入ってみれば、かつてあったような機械類などは全て撤去されており、一般的な体育館ほどの空間が広がるのみで、特に不気味な雰囲気など漂ってはいなかった。

友人達は口々に「ヤバい」と言っていたが、表情はにこやかなもので、真剣に怖がっている様子など微塵もない。

写真を撮るにしても被写体になるようなものが殆どないため、彼らは散り散りになってなんでもない床や壁や、転がっている空き缶や、割れた窓ガラスなどを撮影した。

噂によれば、その廃工場では死体が発見されたことがあり、死んでいたその人物の幽霊が目撃されるとされていたが、ハシダ君にはもちろん何も見えなかった。

しかし、その工場のある一画、入り口から左奥に入った小部屋の中はどうも違った。

ハシダ君は数あるジャンルの中でも特にレトロゲームが好きで、八〇年代に発売されたテレビゲームを、時間にして何千時間もプレイしてきた。

そんな彼の頭の中にはピコピコしたレトロなゲーム音楽が膨大に記憶されている。

例の小部屋に近づくと、彼の記憶から、どういうわけかその音楽が引きだされる。

自動で再生されるそれらは不気味なものばかりで、多くはプレイヤーがやられてしまった時に流れるものだった。

自分の心境がそうさせるのだろうか、これではまるで自分が幽霊の実在を信じ、それを怖がっているようなものではないか。

馬鹿馬鹿しいと思いつつ、小部屋の中でスマホを取り出しシャッターを切っていると、突然頭の中の音楽が止み、ビープ音と呼ばれるエラー時に発生する音に切り替わった。

その瞬間、彼は腰を抜かしたという。

自分の脳からダイレクトに不意打ちを喰らったようになり、ハシダ君はあわあわとその小部屋から這い出した。

それに気付いた友人達はハシダ君に駆け寄ると「ビビり過ぎ」「ハシ君霊感あんの？」などと好き勝手なことを言って盛り上がった。

その一件があったため、肝試しとしてはまぁまぁ成功したらしく、皆笑顔で帰路についたそうだ。

ただ、ハシダ君だけはどうも思うところがあるようで、大学を卒業した今でも、頭の中から不意にピコピコした音楽が聞こえてくる場所には近づかないようにしているとのこと。

身代わり

ミレイさんは高校生の頃、ほんの数日だけ自傷行為に走ったことがある。

「うちの近所に、身代わり地蔵っていうのがあったんですよ」

その地区で古くから信仰を集めていた地蔵で、生活道路沿いに祀られていたことから、彼女にも幼い頃から馴染み深い地蔵だった。

ある日、学校へ行く途中、なんの気なしに手を合わせたのだという。

「テストの日で、ちょっとした願掛けっていうか、そんなつもりでした」

すると、その直後、無性に自分を傷つけたくなった。

衝動的な感情を抑えきれず近くに生えていた杉の木を思い切り蹴りつける。

杉の木に打ち付けられた彼女の右脛は黒く内出血し、腫れた。

「痛みは殆ど無くて、むしろスッキリしたんですよね」

なぜそんな行動をとったのか、自分でも説明できないものの満足感はあった。

それから数日の間、彼女は衝動に突き動かされるように自傷行為を続けた。

「シャープペンの先を血が出るまで手の平に何度も刺し続けたり、ライターで腕をあぶったり、爪を剥がしたり、色々したんですが」

もっと強度の強い自己破壊を行わないと、足りない、間に合わない、そう思った。

「間に合わないっていう感覚、ありましたね。今振り返ればさすがにどうかしてたと思います。ただ、あの時は前のめりになっていたというか、もっと手っ取り早く大きなダメージを受けないとっていう、義務感のようなものすらあったんです」

考えた末、近所の橋から川に飛び込んだ。

高さは約五メートル、川の水深はごく浅い。

「骨盤と、両手首を骨折しました」

さすがにその時は痛みを感じ、動くのにも苦労した、衝撃のせいかめまいもし、転がるように川岸に倒れ込んでぐったりしていると、通りがかった人が救急車を呼んだ。

「それまではもちろん隠れてやってたんですが、病院で全部バレました」

顔以外、体中いたるところの裂傷、皮下出血、腫脹《しゅちょう》、熱傷、剥がれている生爪。親の虐待を疑われ、ミレイさんが予期せぬ方向でも大事になった。

彼女は後から知ったらしいのだが、結局、それらの行動は精神的な疾患による自殺企図とみなされ、骨折の治療が済み次第、精神科に転院する話になっていた。

「整形外科での手術もあったので、結局、なんだかんだで三ヶ月ぐらい入院しました」

その間、どこかの時点で自己破壊衝動は劇的に収まったのだと彼女は言う。

「あ、もう大丈夫、足りたな、間に合ったなって、思ったんですよね」

彼女自身は納得した上での行動であっても、十分な理由が説明できず、できたところで、それが社会的に逸脱したものであれば、病的なものと判断される。

「自殺とかそんなんじゃなくてっていうのを、病院の先生とか親とかに納得させるのに、ものすごく苦労しました。もうやらないって言ってもなかなか信じないので」

ただ、入院期間中に安定した生活を続けた結果、精神科への通院は義務付けられたものの、入院には至らなかった。

突拍子もない娘の変化に憔悴し、心労も限度を越えたであろう母親も精神的に調子が崩れ、親子で精神科通いをしたそうだ。

「お母さんには申し訳なかったけど、あれで良かったんだと思います」

彼女が川へ飛び込んでからしばらくして、身代わり地蔵に乗用車が突っ込む事故があった。

ちょうど小学生の登校時間帯で、車が地蔵の方へハンドルを切っていなければ多数の子供が巻き込まれる重大事故になるところだった。

「病院で寝てたら枕元にお地蔵さんが立ったことがあって、泣きながら私に御礼を言うんです。その時は意味わからなかったし、本当にメンタル病んだのかなって自分でも不安になったんですけど、後から『あのお地蔵さんバラバラになっちゃったよ』って話を聞いた時に、ああこれって、身代わりの身代わりだったんだなって理解しました。古いお地蔵さんだったので、キャパ越えしてたんでしょうね」

その後、怪我による後遺症もなく、ミレイさんは元気に暮らしている。

バラバラになった地蔵はその後、御堂付きで建立し直されたが、彼女によれば「もう別なお地蔵さん」なのだという。

男女関係のもつれによるもの

その頃、チサトさんは付き合っていた彼氏との間に違和感を覚えていた。

「もともと私が惚れたんだけどさ、なんかだんだん『コイツと一緒にいなくてもいいいな』って思うようになって、そんな飽きっぽい方じゃないんだけど」

コロナウイルスによって出歩く機会も減り、それぞれの職場で感染者が出たとなれば会うことも避け、代わりにチャットアプリでの通話が増えた時期でもあった。

「でもさ、最初はそれでも楽しかったんだよ、お互い用もないのにずっと通話状態にして生活音を流しあったりしながら、これはこれで面白いねーなんて言ってたんだから」

原因を探るように頭を巡らすが、特に理由も無く、急に冷めたと結論するしかない。

倦怠期というやつだろうか、彼女は自分から交際を申し込んだ手前、悩んだ。

そんな折、彼から「ちょっと怖い夢を見るようになったから、しばらく一緒に寝て欲しい」という、妙な要望が出た。

「あっちはあっちで、こっちの空気察したのかなって、それにしても『怖い夢を見る』はないよね、子供でもあるまいし、でも――」

別れ話を切り出すには恰好のタイミングかも知れない、と思い至った。


チサトさんは次の日、彼の部屋に向かった。

同棲するには狭いが、一緒に寝るぐらいならこれまでもそうしてきた。

「それがなんかさぁ、部屋の中入ったら空気悪いんだよね、湿気ってるっていうか、重いっていうか、あんまり居たくねーなここっていう」

ウイルス感染に気を付けるあまり、敏感になっているのだろうか、だがこれまで何度も泊まってきたなかで、ここまでストレスを感じたことはなかった。

「あーこれ、やっぱ別れるんだなー、もう嫌になってるじゃん私、って」

それでも、二年近くの付き合いで湧いた情もある。一晩ぐらい付き合ってやるか、そう思い、これまでと変わりなく彼に接するよう心掛けた。

その晩のこと。

「なんか寝苦しくてね、深く眠ってなかったのもあるんだけど」

隣りで寝ている彼氏の唸り声で目が覚めた。

「私は冗談とか方便？　だとばっかり思ってたんだ、でも『怖い夢を見る』のはホントだったみたいで『うなされてるようなら起こして欲しい』って、寝る前に真顔で言ってたから」

起こしてやるかと体を起こし、様子を見るべく体を捻ると、それがいた。

「女、の形はしてなかったけど『あ、女だ』って思ったんだよね」

それは濃密な気配だけを発しており、まるで部屋に充満していた嫌な空気が凝縮されたような存在だったとチサトさんは言う。

「怖いは怖いんだけど、彼のことだけ気にしてるみたいで、こっちは明らかに興味向けられてないんだよ、だから叫んだりはしなかった」

夢だろうか、現実のことだろうか、彼女は一瞬判断しかねた。

呆然としていると、何やら白いホコリのようなものが、仰向けになっている彼氏の顔に向かってサラサラと降りそそいでいることに気付いた。

「わかんない、何かではあったんだろうけど、そういう風に見えたってだけだから」

チサトさんは枕もとのリモコンをそっと手に取り蛍光灯を点け、彼氏の体を揺する。

恐怖心を押し殺し、助けたい一心での行動だった。

しかし飛び起きた彼氏は、あろうことかチサトさんの顔を見て「ああっ」と驚いた。

「うわコイツ、完全に他の女に手ぇ出してるなって。なぜかその時、確信したんだよね」

先ほどまでの気配は霧散し、再び部屋の空気に紛れたようだった。

頭を抱え、肩で息をしている彼氏に対し、チサトさんは自分の確信を基に、

——あのさ、私に隠してることあるよね？

と、言った。

そのとたん彼氏は真っ青な顔になり、ベッドに倒れ込んだ。


「はじめて目の前で人が気を失うの見たよ、よっぽど怖かったんだろうね」

夢なのか、気配なのか、はたまたチサトさんが、なのか。

「全部じゃない？　モテそうな顔してたし、女関係大分拗《こじ》らせてたんでしょうね。ほんと、どういうつもりで『一緒に寝て』なんて言ってきたんだか。まぁそういう男だからこそあ

んなことになってるんだろうけど」

その晩、彼氏を部屋に放置し帰宅したチサトさんは、別れ話を切り出すまでもなく関係を切った。

スマホにはまだアドレスを残したままだが、以降、一度も連絡はないという。

ダイエット・ハイ

会社の健診で肥満だと指摘されたのが始まりだったと、ミクさんは言う。

「自分では、ぽっちゃりぐらいで、そこまでと思ってなかったんだけど」

中性脂肪とコレステロールの値が高く、肝機能にも異常が出ていた。

脂質異常症、肝機能障害、糖尿病リスク高、というのが彼女に下された診断。

「何も悪いことしてないのにって腹立ったな。だからムキになっちゃったのかも」


それからというもの、ミクさんはダイエットに励んだ。

いや、この場合「励んだ」は違うかも知れない、正確には「狂った」。

「運動しろっていうからジムに通い始めたんだけどぜんぜん痩せなくて、一ヶ月でやめた」

「太る」ということは自分の体で日々代謝する以上のカロリーを継続的に摂取することで

起こる、つまり食べなければ太らない、ミクさんが至ったのはそんな結論だった。

「健康的に痩せましょうなんて言ってたら健康になるのいつなんだよって話で、徹底的に食べる量を減らして、それからウォーキング、毎日朝晩一時間ずつ」

その当時、彼女が食べていたものは水でふやかしただけのオートミールを少量と、野菜を洗っただけのサラダ、プロテイン、ルイボスティーを朝晩二食。

「あとは水とサプリかな、肉とか甘いモノとか美味しいのを食べちゃうと我慢できなくなるから、完全に止めた、痩せたら食べようって」

結果、ジム通いを止めてから一ヶ月で五キロの減量に成功、それを積み重ね半年で三十キロの減量を達成し、七十キロあった体重は、四十キロのラインを下回るまでになった。

「貧血になったたし生理不順にもなった、でもこれが健康なんだろって、誰にでもなく八つ当たりするような気持ちでいたな、ハイになってたというか」

ただ、気分は良かった、職場では驚かれ、町で頻繁に声をかけられるようにもなった。

「こんにちは、とか、どうも、とか、見ず知らずの人に挨拶されるようになったの」

これも痩せた効果だろうか、見た目が変われば世界も変わる、ダイエット万歳。

「って感じで、いちおう痩せはしたけどリバウンドしたら元も子もないんで、食生活にもなれちゃってたし、朝晩歩かないと調子悪いぐらいになってたから、それからも同じ生活続けてたんだ」

朝起きて歩き、小量食べ出勤、退勤後に歩き、小量食べ、寝るだけの生活。

体重はさらに減り三十キロ台が当たり前になった。

「そのぐらいからかな、やっぱりしんどいなこれって思い出したの」

体はいつもフラつき、頭は霞がかかったようにぼんやりする、意味もなくイライラし攻撃的になっている自分を自覚もした。

「で、ちょっと何か美味しいモノ食べようかなと思って口に入れると気持ち悪くなっちゃうのね、あ、これヤバいところまで来たぞと」

変化はもう一つ。

「道で声かけてくる人達、キャッチとかナンパ目的じゃないなって」

その頃彼女に声をかけてくるのは、決まって怪我人ばかりだった。

頭に包帯を巻いたり、腕を三角巾で吊っていたり、松葉杖をついていたり。

「目が真っ赤な人にものすごく接近されて『ごきげんよう』って言われたこともあった」

仮に彼らがミクさんへの好意を持っていたのだとすれば、挨拶だけでなくそれ以外にも何かあっていい、食事や飲みに誘うなり、連絡先の交換をせがむなり。

「一切ないんだよ、歩いてる私とすれ違いざまに『こんちには』とか『どうも』とか、後は単に頭下げられるとか、最初のうちはそんなもんかと思ってたけど、時間が経つにつれ、違和感っていうのかな、なんだか怖くなってきて」

ルーティンになったウオーキングの際、誰もいない暗闇から「こんばんは」と聞こえてきた夜、彼女はとうとう身の危険を感じた。

「もっと早く気付けよって感じだけど、ある意味本当に『狂って』たんだろうね、明らかに異常な状態に気付けなかったんだから」

どうも街中に「そういうモノ達」がいて、自分は主にそういった「あっち方面」の方々から頻繁な声掛けを受けていたようだ、と彼女は言う。

「怪我人だとか目が真っ赤とかならまだ常識的だけど、頭の無い人が街中に立ってるなんてことないもんね、あの頃はそれを気にしてすらいなかったんだから、完全に正常なライン越えてたんだと思うわ」

そんな状態で仕事もしていたというのだから立派ではある。

「いやー職場の人達も結構ヤバいんじゃないかって噂してたみたいだよ、何かやらかしそうになったらすぐに病院に連れていこうって話もあったみたい」

ミクさんは生活を変え、食事内容も見直し、徐々に体重を取り戻していった。

「体重減らしたのが原因なら、戻せばいいんじゃないかって、単純に」

やがて街角から頭の無い人物が消え、怪我人たちが消え、彼女に声をかけてくる人達が消えた。

「どの時点だったんだろう、すごくさっぱりしたなって。もっとゴミゴミしてうるさかった街並みが、整然として見えて、ああこれが日常なんだって、思ったな」

あのまま進んでいればどうなっていたか考えると怖いけれど、彼らがすっかり見えなくなってしまったのも、なんだか寂しいんだよね、とは彼女の弁。

順序が逆

二十代の会社員フジ君から伺った話。

「いつも通り仕事が終わって、いつも通り駐車場に行って、いつも通り車に乗りました」

地方在住のフジ君は、自宅アパートから職場まで車で通勤している。

片道十分ほどの道のりで、それまで通勤にストレスを感じたことはなかった。

その日も、帰ったら何をしようなどと考えながら車を発進させると、間もなく職場近くの交差点に差し掛かった。

「会社の出入口みたいなところにある交差点で、行き帰りは必ず通るんです」

赤信号だったため、ブレーキを踏んで停車する。

彼の弁によれば、なぜかそこで猛烈にイライラしはじめたらしい。

前の車が急ブレーキを踏んだわけでも、後ろから煽られたわけでも、渋滞しているわけでもないのに、とつぜんスイッチを入れられたように胸糞悪くなった。

「ご機嫌だったのに、急に『もう嫌だ』みたいな気持ちになって、この先何年こんなことすればいいいんだろうとか、どうせ生きてても大して良いことないんだからとか、昔あった嫌なことを思い出したりだとか、ネガティブな感情が暴走するみたいになっちゃって」

イライラしつつも、運転に関しては自制を保っていたはずだと彼は言うのだが、交差点を抜けて数分後、緩いカーブを曲がり切れず縁石に乗り上げる自損事故を起こした。

「いつもなら、なんの問題もなく通り抜けるカーブを曲がり切れなかったってことは、相当スピード出してたんだと思うんですよ。俺としてはそんなつもりなかったんですけど、イライラしてたのは事実だし、知らずにアクセル踏み込んでたんでしょうね。もし歩道に誰かいたら大変なことになってたので、事故った瞬間は青くなりましたよ」

車は修理に出さなければならなくなったものの、幸いなことに事故に巻き込まれた人間はおらず、彼自身も首をいくらか痛めたぐらいで済んだ。

「警察に連絡したり保険屋に連絡したりして、代車借りて家に帰ったのは二十一時を回った頃でした。その頃には『なんであんなにイライラしてたんだろう』って不思議なぐらいで」

次の日、痛めた首をさすりながら代車に乗って出勤したところ、駐車場にて、彼の職場の先輩が、いつもと違う車に乗って出勤してくるのに出くわした。

「あれ？」と思い、挨拶がてら声をかけてみれば、彼もまた昨日事故を起こしたと言う。

「なんか急にイライラしてよ、前走ってるトラックに追突しちまった」

先輩は苦々しい顔をしながらそう言った。

自分の車は修理に出さなければならなくなったが、相手が大型トラックだったこともあり運転手に怪我はなく、穏便に済ませてくれそうだとのことだった。

「いや実は俺も……」とフジ君が先輩に自分の起こした事故のことを話していると、駐車場にもう一台、見慣れない車が入って来た。

何か察するものがあり待ち構えていた二人の前で「事故っちゃったんですよ」と頭をかき、照れたように車から降りてきたのは、彼らの職場の後輩だった。

「急にイライラしちゃって、会社辞めようかなとか考えてるうちに、なんか八つ当たりしたくなったんすわ、馬鹿ですね、スミマセン」

冗談めかして言う後輩を前に、二人とも笑うに笑えなかった。

「奴は借りてるアパートの駐車場まで帰ったのに、イライラし過ぎたせいで自分でアクセル踏み込んで、車止め乗り越えて奥にあった塀に突っ込んだって言うんですよ、そんな馬鹿な事故あるかよって、普通なら呆れるところですけども」

自分達の状況を顧みれば、後輩のそれと大して変わらない。

「うちは小さい会社なんで、男は上役含めて五人しかいなかったんです。後は女性が何人かとパートさん達がいるだけなので、一人休んだだけでも他にしわ寄せが行っちゃうから」

それぞれ大事に至らなくて良かった、もちろんそれはそうなのだが、普段から仲良くしているとはいえ、事故のタイミングまで被るとは、フジ君は怖いような気持ちになった。

昼休み、弁当を食べながらお互いの事故状況などを話し合っていると、三人が三人とも例の交差点を通過した直後から異常な精神状態になったことがわかった。

「何か急にイライラしたんですよねって話したら、二人ともが『あの交差点のとこ?』って言うんで驚きました。ほんと、明確にあそこからイライラしはじめたんで。なんなんだろうねって。そしたら先輩が『お前ら今日の帰りちょっと待ってろ』と言うんです」

なんだろう、お祓いにでも誘うつもりだろうか？　そんなことを考えながら仕事を終え、駐車場で待っていた二人の前に、先輩がやってきた。

「ちょっと交差点、見に行くぞ」

先輩はそう言って顎をしゃくると歩き出し、フジ君と後輩は促されるまま後について行った。

いつもの見慣れた交差点、一体何に触発されてあんなにイラついたのか。

辺りを見回すフジ君をよそに、一人ウロウロしていた先輩が「ああコイツか」と声をあげた。側に寄ると、電柱の陰に隠れるようにして、小さな花束と、個包装のあめ玉やチョコレート、缶コーヒーが並んでいる。

「まぁ、アレですよね、事故現場なんかに置いてあるような」

だが、この交差点で死亡事故があったなどという話は聞いたことがない。

どういうことなのだろうと怪訝な顔をするフジ君の前で、先輩はそれらをぐちゃぐちゃに踏み荒らし始めた。

「うわっ、って思いましたよ、罰当たりなことするなぁって」

あるいは自分が知らないだけで、ずっと昔に死亡事故があったのかも知れず、あるいは犬や猫など、ペットが犠牲になっており、命日なのか何なのかまではわからないにせよ、そのための供え物の可能性もある。

「どうあれ人の心がこもっているようなものを踏み荒らすなんて、と」

もともと、仕事ぶりや生活面などを知るにつけ馬鹿な先輩だとは思っていたが、ここまで常識知らずだとは考えが及ばなかった。

呆気にとられ棒立ちのフジ君の横から、後輩が「いや止めた方がいいんじゃないすか」などと口を挟むも、それらは間もなく単なるゴミに変わった。

「なんで俺らだったのかわからんけど、これだよ、間違いなく」

確信めいた口調でそんなことを言う先輩は、狂人のように見えたとフジ君は語る。

「順序が逆っていうか、ああいうものを踏み荒らした後に事故に遭うとかならまだわからんでもないですけど、事故に遭ってから踏み荒らすってのは、単なる八つ当たりじゃないですか？　どうかしてるなって、ドン引きでしたね」

しかめ面で後輩と顔を見合わせていると、先輩が「厄落としに飲みに行くぞ」と言う。

その後、飲みに行った先で、先輩が二人に語った話が次である。

三回

交差点での凶行の後、フジ君と後輩は先輩行きつけの居酒屋に連行された。

生ビールを頼みはしたものの、乾杯などという雰囲気でもなく、お通しをつまみながら三人でチビチビやり始めると、先輩が口を開いた。

「あのよう、道あんだろ、〇〇からこの町までの〇〇街道」

フジ君達が暮らす小さな町から十万人規模の街へと続く主要道路、〇〇には新幹線が通る駅があり、上京する際などには車なりバスなりで〇〇街道を進むのが最短ルートだ。

「あの道、田舎通ってるせいか信号も殆どねぇんだよな」

この人は急に何を言い始めるのかと思いつつ話に耳を傾ける。

先輩はふざけている様子もなく、いたって真剣な顔で話を続けた。

「俺、こないだあの道走ってたんだわ車で。そしたらさ、よぼよぼの爺さんが横断歩道の手前で手挙げててよ、夜中の一時過ぎだってのに」

道路交通法上、横断歩道を渡ろうとしている人間がいる場合は停車しなくてはならない。

「だからまぁ停まったよ、爺さんが渡ろうとしてんだから」

その老人は先輩が車を停めたと同時にスーッと横断歩道を横切り、続く道の先へ消えた。

「よたよた動くでもなく、エスカレーターにでも乗ってるようによ」

主要道路だけあって日中は交通量も多いが、田舎ゆえ深夜になるとそれも極端に減る。その代わり走る車のスピードも自然に上がるため、先輩は気を付けながら走行していた。

「どっちかと言えばタヌキだの鹿だのを警戒してたんだけども、まさかの爺さんで」

老人をやり過ごしたあと、五分ほど車を走らせると、また横断歩道があった。

その手前で、再び老人が手を挙げて待っている。

「もちろん停まったよ、その爺さんがさっきの爺さんと同じような服で、同じような顔で、同じように横断歩道を横切って行くのを、黙って見送った」

民家もまばらな田舎であっても、交通量の多い日中に家と畑を行き来するのには横断が必要なのだろう。それから更に車を走らせた先、三度目の横断歩道。

「爺さん、手を挙げて立ってんだ、横断歩道の手前」

聞きながらフジ君は、この語りが交差点での一件とどう関わるのか思案していた。

一体、先輩はどんなつもりでこんな話を始めたのか、皆目わからない。

「そんでさ、一旦停まりはしたんだけど、今度は轢《ひ》いた」

田舎の道路、深夜、手を挙げる老人、轢いた？

「え？　轢いたんですか？」

「ああ、轢いた、でも誰もいなかったよ、手ごたえもないままフッと消えた」

つまりどういうことだろう？　自分はそういうのに慣れているとでも言いたいのだろうか？　自分はいわゆる「みえるひと」だとでも？

フジ君の反応を伺うようにしていた先輩は「俺は割と『みる』方だ」と述べた後「あの爺《じじい》は三回出て来たから轢いたんだ、三回はダメだ、ギリなんだよ」と続けた。

先輩の弁によれば、そういった「お化け」的なものは二回目までなら大目に見ていいらしい、しかし三回目以降は意味が変わるという。

「二度あることは三度あるとか、三度目の正直とか言うだろ、あれだよ。一回目は偶発的なもの、二回目は様子見、三回目ならロックオンだ、それ以降は命を取られる」

フジ君はこの話を聞きながら、先輩が「偶発的」などという言葉を使ったことに驚いていた。馬鹿だとばかり思っていたが、どうもさっきからテンションがおかしい。

「あのまま爺に付き合ってたら、俺は多分事故ってたと思う。舐められちゃダメなんだよ、こっちからキッチリ威嚇しないと、好き勝手に付け込まれる。生きてる人間だってそうだろ？　死んだ後も変わんねぇんだよ」

そう言ってビールを飲み干した先輩はフジ君と後輩を見やった後で、やや俯きながら「交差点のアレな、あれは『移植』だと思う」と言った。

移植？　さっきから普段聞きなれない言葉ばかりを使う先輩にこそ、フジ君は薄ら寒いものを感じてしまう。

「実際に死亡事故があったどこか別な現場に供えられてたものを、株分けみたいにしてわざわざあそこに置いた奴がいるんだよ、厄を散らすために」

とすると、供物自体は本物だったということだろうか？

「うん、でもイタズラじゃないね、なんかわかってる奴がやったっぽいな。絶妙に気付き難いところに配置してあったし、あのまま根付いてたら厄介だった」

だからあんな踏み荒らすようなことをしたのだろうか？　常識外れに見えて、あれはあれで、それなりの理があったのだと言いたいのだろうか？

「さっきも言ったけどさ、三回ってのはダメなんだ、だから今朝、俺だけじゃなくお前ら二人も事故ったって聞いて、これは嫌だなと思った、で、話聞いてみれば、あの交差点が起点になってる、ちょうど三人、三回、放っておいたら命とりになったはずだ」

先輩のテンションに合わせ、フジ君も後輩も神妙な面持ちで話を聞いていたが、なんと返したものかわからず、最後に「ありがとうございました」と頭を下げるぐらいしかできなかった。先輩は「うん」とだけ言い、その後は当たり障りない会話をしながら、夕飯代わりに酒を飲み、解散となった。

先輩のお陰なのか何なのか、その後はフジ君も後輩も事故などに遭わず、いつも通り暮らしているそうだ。

※

私はフジ君からこの話を聞き非常に興奮した、妙なできごとの蒐集癖を持つ者として、ぜひその先輩にお会いしたい、そう伝えると、既に先輩は会社を辞めているとのことだった。

「いや、話としては面白いのかも知れないですけど、でも三十越えたオッサンに、あんな中二病みたいなこと得意げに語られると、それまでみたいな付き合い難しいっすよ。馬鹿ではあっても、ヤンキーっぽさに一目置くみたいなところで上手く行ってたんすけどね。ちょっとなんていうか、恥ずかしいじゃないですけど、いたたまれないような、まぁそんなこんなで、俺等も一線引いてしまったんで、そういう空気察したのか、それから半年せずに転職するって辞めて行きましたよ。彼の分の仕事は俺と後輩の二人が被る形になったので腹立ちましたね、なので辞めた後は連絡も取ってないっす」

ハンカチから生霊

以下は、とある飲み会の席で、四十代後半の独身男性ヨシダさんが笑い話として披露したもの。

「出世もしてないんでね、新人の教育係みたいなこともさせられるんですよ」

愚痴る風でもなく、なんだか楽しそうに彼は言った。

「僕はね、別にいいんですけどね。ただほら、今の若い子たちはおじさんへのヘイトがすごいでしょ？　僕は別にいいんですけどね、でも若い子たちは嫌なんじゃないかなぁって、やっぱそういうこと考えますよね」

彼の話をまとめると、自分は新人教育に関わることに何の異存もないが、中年の彼をあてがわれた新人たちは、あまり良い風には思っていないだろう、ということのようだ。

「それでね、何年か前にさ、けっこう可愛い女の子が入って来たんですよ、うちみたいな田舎企業にね。でもその娘、かわいそうなことに、教育担当が僕だったんだなぁ。いやぁ、僕はホラ、仕事に関しては厳しいからね、自分は仕事できないのに、はっはっは」

新人の女性は、大学を卒業したばかりだといい、ヨシダさんとは親と子供ほど年齢が離れていた。彼は彼なりに気を使い、距離感をはかりながら彼女に接していたそうだ。

「セクハラとかパワハラとかうるさいじゃないですか、僕みたいな人間は特に用心しないと、なんのかんのとイチャモンつけられて面倒なことになったら嫌なんでね。そりゃ気を使いましたよ、先輩らしくビシっとね、慣れ合うみたいな形にならないように」

それなりに上手くやっていたはずだと彼は言うのだが、結論から言えば彼女は半年ほどで職場を辞めた。その理由が「ヨシダさんが生霊を飛ばしてくる」という、突飛なものだった。

「いや僕からすれば言いがかりもいいとこですよ、実際は何もやってないのに、他の女子社員たちからストーカー扱いまでされましたからね。もちろんこっちにはアリバイあるんで、僕が責任取らなきゃならないようなことは何もなかった。かと言えばね、ちょっとだけ嘘にはなるんだなぁ」

ヨシダさんは、新人の女性が調子を崩し始める直前、彼女が不注意で落としたハンカチを拾っていたのだという。

「僕は一目見てわかりましたよ『あ、これ彼女のハンカチだ』って。なんせ教育係ですからね、新人が就業中に使っている私物は意識しなくても把握できるんです。後から彼女に渡そうと思って拾っておいたんですけれど、こっちはこっちで自分の仕事もあるんでね」

拾ったハンカチなどすぐに渡してあげればいいようなものだが、ヨシダさんが言うには忙しさにかまけているうちに忘れてしまい、家に持って帰ってしまったのだそうだ。

「その次の日ですよ、彼女が体調崩して休んだのは。それで僕はまたハンカチを返し損ねちゃって、そのままになっちゃったんです。色々考えましたよ、洗濯してあげれば良いのかなとか、でも僕の洗濯物と一緒に洗われたら嫌かなとか、色々考えましたよ」

本人はタイミングが合わなかったための不可抗力だと言うものの、結局のところ彼は彼女にハンカチを返さなかった。

「そしたら生霊騒ぎですよ、そんなんなったらもう、僕がハンカチを返したりしたら完全に怪しまれるじゃないですか？　拾っただけだと言ったところで、きっと盗んだんだとか言われて、言われのない罪を擦り付けられたりしたと思いますよ、確実にそうですよ」

ヨシダさんが言うところの彼女の弁によれば、彼の生霊は彼女の行く先々に現れ、何をするでもなくじっと見つめてきたらしい。それが自宅の中にも現れるようになったと言って間もなく、彼女は逃げるように会社を去った。

「ホントに迷惑、困ったものですよ。もちろん僕はストーカー行為なんてしてないんでね、さっきも言ったようにアリバイはしっかりしてましたから、それが彼女の精神的な不調によるものだと会社は判断しました。ただ、僕の評価、特に女子社員からの目線は厳しいものになりましたねぇ、なんにもしてないのに」

ハンカチを拾って返さないでいたではないか、と口から出かかったが、それを生霊騒ぎと直結させることはできないと判断し、黙っていた。

「いやでも、彼女は彼女で僕のこと意識はしてたんだと思うんですよ、じゃないと生霊だなんて言いだしませんよ普通。もっとも悪い意味で、でしょうけれど。よっぽど嫌だったんでしょうね、こっちはハンカチ一つで悩んだりしてたのに、オジサンには受難の時代ですよ」

言いながら、ヨシダさんは自分のカバンの中をまさぐり、中から茶封筒を取り出すと「ホラ」と言って私にその中を覗かせた。

「これ、彼女のハンカチ、僕は人のものを勝手に捨てたりしないんでね、こうやってしっかり保管してるんですよ、あっはっはっは」

恐らく、本人にしてみれば、言われない濡れ衣を着せられたという自虐ネタのつもりだったのだろう、そのオチとして、彼女のハンカチを出したのだと思われる。

たぶん、生霊は彼女のもとに飛んでいたんじゃないだろうか。

そしてそれが現在も続いていなければいいなと、祈っている。

婆神

九〇年代初頭のこと、当時小学五年生だったオガタ君の話。

彼の友達、チバ君の自宅は、学区の中でも非常に奥まった地区にあり、オガタ君が自転車で向かっても三、四十分はかかる場所にあった。

そのため、なかなか同級生と遊ぶ機会がなく、一人遊びばかりしているというチバ君を不憫に思い、日曜日にはるばるやってきたのだった。

オガタ君の来訪をとても喜んだチバ君は、山に川にと彼を案内し、二人は楽しい時間を過ごした。遊ぶだけ遊んだ午後三時、昼食はチバ君の家でご馳走になったものの、育ち盛りのオガタ君は小腹が空いてきた。

一応お小遣いを持ってきてはいるが、そもそも人口が少ない地区なので商店などなく、自動販売機すら見かけない。

「なぁ、ちょっと腹減ったな」

ついロに出してしまったオガタ君、そんな彼を見てチバ君は「じゃあお菓子買いに行こうよ」と言う。

お菓子を買いに行くといっても、一体どこへ？

疑問に思いつつ後をついて行くと、チバ君は近所の民家の敷地へと入って行く。

どういうつもりなのだろうか、少々不安に思いながら歩を進めるオガタ君に、「ここだよ」と言って、チバ君はその敷地にある小屋を指差した。

それは一見、小綺麗な納屋でしかなく、どういうことかと首を傾げるオガタ君をよそに、チバ君は「こんにちはー」と言いながら戸を引く。

驚いたことに、中には駄菓子やジュース類、調味料に洗剤などがぎっしり詰まった棚が並んでおり、アイス用の冷蔵庫まである。

どうやらそこは商店としての看板を掲げずに営業しているその地区だけの売店のようなもので、チバ君はいつもここで菓子などを購入しているという。

母屋から出て来たおばさんにお金を払い、めいめいに好きな物を買い込んだ二人は、一日を振り返りながら菓子を食べ、小腹を満たした。

「それが楽しくってさぁ、次の週もチバの家に遊びに行ったんだよ」

ほとんど早朝に訪ねたにもかかわらず、チバ君は喜んでオガタ君を迎え、その日も楽しく遊び回ったのだが、チバ君は両親と出かけなければならない用事があるとのことで、その日は昼過ぎに解散となった。

「俺はもうちょい遊びたかったから、前回チバに教えてもらった河原なんかでウロチョロしてたんだけど、やっぱだんだん腹が減って来てね」

あの納屋に行こう、そう思い自転車を漕ぎだした。

しかし、同じような田園風景が連なり、同じような門構えの家が並ぶ田舎道、殆ど土地勘のないオガタ君は、先週チバ君と訪れた納屋がどこだったのかわからなくなった。

確か県道から私道に折れ、少し先に歩くような場所にあったはず。

漠然とした記憶を頼りに周囲を見回していると「おそらくここでは？」と思われる家が見つかった。

農家らしく広大な敷地、私道を進んだ先には納屋がある。

なんとなく自転車に乗ったまま行くのは気が引け、降りて手で引きながら敷地に入る。

「こんにちはー」前回チバ君がそうしたように声をかけ、戸を引いた。

「そしたら中で婆さんが寝ててさ」

古い漬物のような臭いが充満した納屋の中には、菓子もジュースもアイスもない。木箱の上にムシロのようなものを敷いたベッド状の上で、老婆が横になっているのみ。

「あ、違った、と思った時には金縛りにあったみたいに動けなくなってた」

訝《いぶか》し気にオガタ君を睨み、もごもごと何事か喋り続ける老婆は、どうみても自分を歓迎している様子ではない。そもそも勝手に人の家の敷地に侵入し、小屋の中にまで入ったのだから叱られて当然ではあるのだが、どうも様子がおかしい。

「訛りとも違う、外国語みたいな意味不明な言葉で話しかけてくるんだ」

かろうじて人名のようなものは聞き取れたが、それ以外は殆ど理解できない。

「ただ、ちょっとイントネーションの語尾が上がるっていうか、恐らく疑問形で何か訊ねてきているなってのだけはわかった。でもそれに頷いたり答えたりしちゃいけないってこともヤバいぐらいに感じてた」

この老婆の言うことに反応してはいけない、オガタ君は戦慄とともにそう思っていた。

「なんでなんだろうね、子供の勘っていうか『この婆《ばばぁ》に好かれたらマズい』っていう気持ち、嫌悪感とも違うな、危機感というか、見ちゃいけないモノ、本当は喋ったりしたらヤバいものに話しかけられてるっていう」

オガタ君は体を硬直させたまま、できるだけ婆と目を合わせないようにする。

「目だけは辛うじて動かせたから、必死で『知らないフリ』をしてた」

べらべらと何事か喋りながら、次第にヒステリックな調子になってきた老婆は、直立して目も合わせないオガタ君を、とうとう大声で怒鳴りつけた。

「多分なんだけどさ『おまえわかってるくせに何で黙ってるんだ』的なことを言われたように思う、雰囲気的にそんな感じだった」

怒鳴られた直後、ふらりと重心が後ろに傾き、瞬間、体の自由が利くようになった。

「そっからはダッシュで逃げた、チャリに乗ろうとしても体が震えて乗れないから、やっぱり手で引いて、ガタガタんなりながら走ったよ」

後ろを振り返ることすらできず、オガタ君は体の震えが収まるまで自転車を押し続けた。

週明け、学校でチバ君と顔を合わせた彼は、例の老婆の話をした。

チバ君は「そんな婆ちゃん知らないけどな」と言い、戸惑うオガタ君に「今度その家に行ってみよう」と提案した。

「気は進まなかったけど、ガキだから、それよりも好奇心が勝った」


果たして次の週、チバ君と共に、オガタ君はその家の敷地前に立った。

今度は間違えようもない、震えながら自転車を押した記憶が蘇って来る。

「駄菓子を売ってたのとは全然違う家でね、入る場所を完全に間違ってたんだ」

すると、近くで野良仕事をしていたその家の主人がチバ君を見て声をかけてきた。

「チバは当時あの辺では唯一の子供で、地区の人達に可愛がられてたから、何やっても無礼講みたいな雰囲気でね『ちょっと納屋見せて』とお願いしたら『どうぞどうぞ』って」

オガタ君は身を強張らせながら納屋の前に立った、戸を引いたチバ君の後ろから恐る恐る中を覗くと、木箱にムシロを敷いたベッド状の上に、注連縄《しめなわ》を張られた漬物石のようなものが置いてあるのみで、老婆の姿はどこにもない。

「そしたらチバがさ、畑まで走って行って、さっきの人に『アレ何?』って訊いたんだよ」

その家の主人は、二人の様子に目を細めながら「あれは地区で祀られている山神様のご神体で、本来は旧道の途中に建つ社に安置されていたのだが、社の老朽化に伴い移築する計画が進行中であるため、一時的に地区長である自分の家で保管しているのだ」と丁寧に説明してくれた。

「社会科かなんかの自由研究だとでも思われてたっぽいな、地元のことに興味を持つのは良いことだって褒められたよ」

流れ的に、例の老婆は山神だったのだろうか？

「謎、その地区長さんのとこにはそんな婆さんはいないって話だった。チバん家と俺ん家は本家と分家の関係で、うちの先祖はもともとあの辺出身だから、仮にあの婆さんが石から戻った山神だったとして、ずっと昔に何かあったのかもなとは思ったな。もっとも、あんなのが神様なんて、ちょっとどうかと思うけど」

猫

土曜の夜、一週間の憂さ晴らしにドライブをするのがナカオの習慣だった。

その晩も愛車に乗り込むと一人で夜道に滑り出す。帰宅時間だけを決め、どこへ行くでもなく、気の向くままにハンドルを切り続けていると、海沿いの道に出た。

「何年か前に内陸に新しい道路が通ったんで、みんなそっち使うんだよ。俺はスピード出したかったから、無意識に大通りを避けたんだな」

たまに対向車とすれ違うくらいの寂れた旧道、前後にも車の気配はなかった。

「よしよしと思って、アクセル踏み込んだんだ」

まさに憂さを晴らすように軽快に飛ばしていると、しばらく後、とつぜん道路脇から何か飛び出してきた。

「あ、猫だ、と思った時には遅かった」

小さな砂山を踏みつぶしたような感触がタイヤを通して伝わってきた。

やっちまった、と思いつつも、ナカオは車を停めずに走り続けた。

「タイミング的に仕方なかった、もっとゆっくり走ってても、あんな出方されたら絶対に避け切れねえよ、だから俺のせいじゃないよなって」

確認こそしなかったものの、車で乗り上げた以上は無事では済むまい、それ以上は考えたところで後の祭りである、開き直った彼は、いつも通り二時間ほど流して帰宅した。


次の日、明るくなってからタイヤ周りを確認したが、何かを巻き込んでいたり血痕がついていたりもしなかった。

「たまたま道路に凹凸があったから乗り上げた感じがしただけで、実は猫なんて轢いてなかったのかもなと、気持ち悪かったから洗車場で流しはしたけど」

車を磨いた帰り、彼は郊外の大型ショッピングモールに寄って買い物をした。

昼時とあって人出がある賑やかな店内、買い物袋を下げ歩いていると、進行方向になんだか様子のおかしい女がいた。

「三十前後ぐらいかなぁ、身なりは普通なんだけど、俺の方じっと見てきてさ、一人でいるのに何かずっと口が動いてるんだ、そんなのと目が合っちゃって」

なんだろう、からまれるのだろうか、視線を外し、その脇を通り抜けようとすると、不意に袖を掴まれ、足を止めた。

「その女だよ、両手で袖掴んでんの」

手を払いのける間もなく、女はグッとナカオに顔を寄せ「昨日、猫を轢きましたよね？」と言った。

轢いたは轢いた、しかし、どうしてそれを知っているのか。

「それもそうなんだけど、何より見ず知らずの女にそんなこと急に指摘されたもんだから、ちょっと腹立ってさ」

「はぁ？」怒気を込めて返したナカオに対し、女は女で一歩も引かず「昨日、猫を轢きましたよね？」と同じ調子で繰り返した。

「轢いてねえよ、放せオラっ」言って女の手を振り解くと、睨み合いになった。

いやしかし、あの猫は飼い猫だったのだろうか？　この女の？　しかしそれにしてもあのタイミングで猫の側にいてそれを目撃していたとは考えにくい。前後に車はいなかったし、対向車もなかった。現場からはすぐに逃走したわけだし、仮に何か目星をつけられ自分の車を憶えられていたのだとして、あれから後をつけて来て運転手が俺だと特定したということか？　というかそんなことってあるだろうか？　そもそもどうしてこんなところで……。


睨み合う中、ナカオは混乱していた。

今の状況を飲み込めるだけの推量ができない、どう考えてもおかしかった。

――猫ちゃん！

声が響いて咄嗟に顔を向けると、小さな女の子がナカオを指差していた。

母親らしき人物が「こら」と言いながらぺこぺこ頭を下げ、女の子の手を引いていく。

「そんで、女の方に向き直ったらいねえんだよな、消えててさ」

様子のおかしい女にからまれていたはずが、いつの間にか、自分自身が様子のおかしい人間になっていたのだろう、人の流れはナカオの周りを大きく蛇行していた。

「気持ち悪かったけど、気になるだろ」

ナカオはショッピングモールを出ると、猫を轢いた場所へ向かった。

猫は祟るという、ついさっきの出来事は、そんな俗説を真に受ける以外に解釈のしようがなかった。

「やっぱ死んでてよ」

あの後、カラスにでもついばまれたのだろう、無残な姿で路肩に横たわっていた。

埋めるか、詫びるか、線香でもあげるか、死体を見下ろしながら、どうしたものか途方に暮れていたナカオの耳に「ニャー」という鳴き声が届いた。

「子猫、三匹」

母猫と思われる死骸を遠巻きにするように、小さな猫たちが鳴いていた。

「うわこういうことかよって、そりゃあ死んでも死にきれねぇよな」

ナカオは子猫達を拾い車に乗せると、号泣しながら帰宅したという。

彼は今、大きくなったその三匹と暮らしている。

可愛すぎて、もはや猫たちのために生きてるようなもんだと笑った。

変化

「うちの息子のことなんだけど」と主婦のマツダさんは話してくれた。

マツダ家の隣にはワダさんという老夫婦が住んでいた、隣り合った戸建て同士、近所付き合いも頻繁で仲良くしていたそうだ。

ワダ夫妻はマツダさんの息子、ユウト君を幼い頃からとても可愛がった。ユウト君にとっては子供の頃からの付き合いであり、よく懐いてもいた。

「傍から見れば血の繋がった祖父母と孫のように見えてたんじゃないかな。実際、勘違いされたこともあったしね」

そんなワダ夫妻の奥さんが亡くなったのは二年前のこと、中学生になったユウト君も葬儀に参列し、火葬の際は骨も拾わせてもらった。

「突然のことだったので、旦那さんもガックリ肩落としてて、見ていられなかった」

そんな一連の事態を見ておきながら、それから数日後、ユウト君はあろうことか「隣のおばさん死んだよね？」と、マツダさんに訊ねてきた。

もちろん亡くなったし、骨まで拾ったでしょう、何言ってんの？　呆れたように返したマツダさんに、息子は、「おばさん、まだいるんだよ」と隣家の花壇を指差して言う。

花壇は子供のいないワダ夫妻がわが子のように慈しみ手入れしてきた見事なもの。

「ちょっとやめてよって言ったの、冗談でも言っていいことと悪いことあるよって」

ユウト君は鼻先に人差し指を当てて、わかったとばかりに頷いた。


それから一ヶ月も経たないうちに、ワダ家に残された旦那さんがマツダ家を訪れた。

一人で暮らすには今の家は広すぎるため、引っ越すことにしたとのこと。

マツダさんが寂しさと名残り惜しさから「あの花壇ももう見納めですね」と言うと、ワダの旦那さんは伏し目がちになり、「実は花壇に亡くなった妻が立っているんです、笑顔ではありますが、もう亡くなってるわけなので」とこぼした。

それが毎日続いて気詰まりであり、自身の年齢もあって認知症の可能性もあるため、ケア付きのグループホームに入所するつもりなのだと語った。

「息子の時は叱ったけど、旦那さんがそんなこと言うもんだから、私もなんだか怖くなっちゃってね。長年ご近所付き合いしてた手前、怖がるのは奥さんに申し訳ないなとは思ったけど、旦那さんの言う通り、もう亡くなっているわけだし」

マツダ家では、総出でワダ家の引っ越しや家具の整理などを手伝い、旦那さんは間もなく契約したグループホームに引っ越して行った。家屋は買い手が付くようなら売却するつもりでいるとのことだった。

「その日にさ、旦那さんがいなくなってから息子に訊いてみたんだ、『奥さん、まだいるの？』って、そしたら――」

ユウト君は上を見たり下を向いたりして、何やら考えてから口を開いた。

「母さんはわからないだろうから説明が難しいんだけど、ワダのおばさん、もう人の形してなくて、間もなく本当に土に還るんだと思うよ」

一体どんな形なのか、マツダさんはそれ以上、息子に問い質せなかったという。

呼ぶ土地

某所在住の六十代男性、ヤマキ氏の自宅にて。

「隠れた自殺の名所だったんだ」

彼はそう言って、当時の写真を見せてくれた。

鬱蒼として日差しもまばらな雑木林、生えている木の枝からロープが垂れ下がっている。

「これはロープかけて途中で止めたんだろうけどね、こんなのいっぱいあったよ」

そうそう、と言いながら、今度は別な写真を取り出す。

松の木に打たれた藁人形、両手、両足、頭、腹、股間に至るまで全ての部位に釘が打ち込まれており、更にその上には「怨」という文字の書かれた半紙まで打ち付けられている。

「こんなの、ホントは神社なんかの御神木にやるものなんでしょ？　それをどっかから聞きつけたのか、人が首吊った木でやるんだから、正気じゃないよ」

写真から漂うあまりの禍々しさにクラクラしていると、ヤマキ氏は「あれ？　こういうの見たいんじゃなかったの？」と言い、自殺者の遺留品のような物や、遺体発見時に騒ぎになっている様子などの写真を次々取り出して見せてくる。

「なんでこんなもん、写真で残してるかっていうとね、自殺しそうなヤツを見かけた時に使うためだったんだ。ボランティアだよ、呼び止めて見せながら話するの」

すると、殆どの人間が自殺を思いとどまるという。

「でもやるやつはやるよ、その時は神妙な顔して帰っても、次の日には首吊ってたなんてのも珍しいことじゃなかった」

そういう土地だったんだよ。

ヤマキ氏はため息をつきながら、自宅窓から外に向け視線を移した。

現在、彼の家からは美しく整地され芝生で整えられた公園の入り口が見える。

立派な駐車場にトイレやベンチ、モニュメントらしき建造物、この土地がかつて自殺の名所だったなどとは、誰も思わないだろう。

「もともと高台で眺望はいいから、公園としては立派だよな」

親子連れだろうか、傾斜のある芝生を転がるようにしている男の子に、下手で待っている父親らしき人物が声をかけ、笑いあっている。

「さすがにもう、無くなって欲しいよ、自殺はね……でも――」

口ごもりつつ、ヤマキ氏は「ここが公園になってからだよ」と語り始めた。

冬のある晩、自宅で晩酌を楽しんでいたヤマキ氏の耳に、悲鳴のような声が響いた。

雑木林が公園に造成され数ヶ月経った頃、もの珍しさでやってきた若者が夜間に騒ぐことはたびたびあったため、どうせその手合いだろうと最初は無視していた。

しかし、傍らでテレビを見ていた奥さんが「ちょっと、なんだか尋常じゃないわよ」と、怪訝な顔をしたのをキッカケに、二人は玄関から外に出て様子を伺った。

想定していたような若者たちの姿はどこにもない、その代わりに公園内にあるこんもりした丘の上に誰かが立って手を挙げるようなポーズをしている。

「園内の外灯に照らされて逆光になってたてね、シルエットだけで判断するなら、スカートをはいた女の人のように見えた」

断続的に聞こえてくる悲鳴は、その人物があげているように思われた。

「警察に連絡しようかしら」ヤマキ氏の背後に隠れるようにして様子を伺っていた奥さんが小声でそう提案したため、夫妻が家の中に戻ろうと背を向けた途端——

アハハハハハハハ

突然の笑い声に驚いて振り返ったところ既に丘の上に人影はなく、以後は悲鳴も止んだ。

「警察呼んでどうにかなるモンでもなさそうだなって、結局通報しなかった。どういう風に説明したらいいのかもわからなかったし」

それから半年後、夏の日の夕方。

風呂上がりに庭で涼んでいたヤマキ氏は、通りかかった若い女性に声をかけられた。

——さっきまで大声で誰か呼んでましたか？

ウォーキングの最中だろうか、軽装で首にタオルを巻いた彼女は、やや緊張した面持ちでヤマキ氏を見据え返答を待っている。

いいえ、今風呂からあがったばかりです、ヤマキ氏がそう答えると、彼女は渋い顔で何度か頷き「突然すみませんでした」と頭を下げた。

「なんだか不安気な様子だったから『何かあったんですか？』って訊いたんだ」

彼女の弁によると、公園内を歩いている最中「おーい」と呼ぶ声が聞こえたとのこと。

当初は自分が呼ばれていると思わず無視していたが、呼ぶ声はその後も途切れなかった。

やがて、もしかすると誰かが怪我でもして助けを求めているのかも知れないと思い至った彼女は、公園内を歩き回って声の主を探したらしい。

しかし歩けど歩けどそれらしき人物は見当たらない、それどころか夕暮れの公園には自分以外誰もいないようだった。

そのうち声も聞こえなくなったため、キツネにつままれたような気持ちで公園を後にしたところ、出口近くの民家に人影を見つけ、思わず声をかけたのだという。

「それが俺だったってこと」

ヤマキ氏はリアクションに困り「この辺は小高い丘になっているから、下の方から聞こえる声が反響したんじゃないかな」と適当なことを言い、その場を誤魔化した。

また、別な日には警官が家にやってきて「この辺で深夜、大声で歌っている人物がいるらしいのだが心当たりはないか?」と問われたこともあったそうだ。

「いや実際、歌声なんて聞こえたことなかったから『知らないですね』って言ったら、あっさり帰って行ったよ。もう少し根掘り葉掘り聞かれそうなもんだけどね。まぁ連中はここがどんな場所だったのか知ってるからさ、『あぁ』みたいな顔してたな。さっき話した女の子もそうだったけど、うちだけじゃなく他にも妙な声を聞いてる人達がいるんだろうね」

一連の出来事は、かつて自殺の名所だったことと関係しているのだろうか？

「どうなんだろう、俺はむしろ逆なんじゃないかと思ってる」

逆？　どういうことだろう？

「俺はずっと疑問だったんだよ。『飛び降り』だとか『飛び込み』だとかなら、そりゃ場所選ばなきゃならないだろうけれど、首吊るのに、なんでわざわざこんなところに出向いてくるのか。ほんとにハタ迷惑、家でやればいいじゃない、ってさ」

自殺の名所たるためには、何かしらの理由があって然るべき、その理由が全く考え付かなかったのだとヤマキ氏は言う。

「だから、あの叫び声だの呼び声だのってのはつまり、ここで自殺が多かった原因そのものなんじゃないかと、殆ど確信してるんだ。自殺者が多かったから自殺の名所ってんじゃなく『そういう土地だった』からこそ自殺が多かったんだろう」

ヤマキ氏は再び窓の外に目をやると「ほんと、もう勘弁して欲しいよ」と言った。

そんな彼に「もしまた何かあるようならぜひ動画撮影を」と要望したところ、本人もその気はあったようで「待ち構えると何もねえんだ、セコいよな」と笑った。

本当の噂

三十代の看護師、マミさんから伺った話。

その土地に建っていた家が火災に見舞われたのは今から二十年以上前のこと。

「詳しいことは知らないんですが、その家、私の通学路の途中にあったから、しばらくは生々しい焼け跡を見ながら登校してたのを憶えてます」

火災では死者も出たといい、当時、一部で噂が立った。

「真っ黒い人が立ってるとか、うなり声が聞こえるとか、趣味の悪いありきたりな話」

そんな噂も、家屋の燃え残りが解体され、更地になる頃には自然に立ち消えた。

いずれ火災があったことも忘れ去られ、新しい家が建つのだろうと思われたその土地で、男性の焼身自殺があったのはそれから数年後。

「私は地元を離れていたので話だけ後から聞いて、気味悪いねって」

過去にあった火災と焼身自殺との間には、なんの因果関係もないが、同じ土地で繰り返し焼死者が出たことで、再び噂が立った。

「真っ黒い人が立ってるっていうのは一緒で、他にも何か燃えているような臭いが漂ってるとか、変な形の煙が蠢いているとか、色々あったようです。でもそれって全部嘘で、私の友達が流しはじめたのが最初らしいんですね」

彼女にとっては数少ない男友達の一人だったそうだ。

「そいつ、私とは小中高と同級生で、ササキっていうんですけど、焼身自殺したんです、同じ場所で」


看護士免許を取得後、地元に戻り病院で働きだしたマミさんは、その日、職場において不穏な情報を耳にした。

「救急隊から、広範囲にⅢ度熱傷がある患者の受け入れ要請があって、それを断ったっていう話でした。気道熱傷の疑いもあるから、うちの病院では対処できないということで」

仕事を終え帰宅すると、間髪おかずに母親が「ササキ君、自殺図ったみたいよ」と、青い顔をして言う。詳しく話を聞くと、昼間に受け入れを断った患者が、どうやら彼本人で間違いないようだった。

「なんで？　って思いましたよ。そんな素振り全然なかったのに、しかもよりによって例の場所でなんて、悪い冗談のようでした。ただ、その時は彼助かったんです、それで――」

救急搬送を受け入れた大病院で一命を取り留めたササキ君は、数ヶ月に及ぶ入院治療の後、彼女の勤務する病院に転院してきた。

「私が勤務する病棟ではなかったんですが、彼は私が勤めていることを知っているはずだし、顔を出さないのも違うかなと思って」

部屋を見舞ったマミさんは、痛々しい姿のササキ君と対面した。

「急性期を過ぎても、広範囲熱傷の治療は長いんです」

見える範囲だけでも、首周りから顎にかけてケロイドがあり、他の部位に関しても複数回の植皮術を受けたというササキ君は、それでも、マミさんが予想していたよりも元気そうだった。

「自殺未遂後なので、こっちも医療職者である以上、声掛けは慎重にしました。当たり障りない話をしながら、様子を伺うっていう」

当初はぎこちない会話に終始していたものの、数週間後にはだいぶ打ち解け、以前のように笑顔や冗談が混じることも増えてきた。

「それで私、つい口を滑らせちゃったんですよ、『どうしてこんなことしたの』って」

その問いを受けたササキ君は悪びれもせず「楽しそうだと思ったんだ」と答えた。

「楽しそうって、何が？」できるだけ彼を刺激しないように平静を装ってはいたものの、この時、彼女は言いようもない不安感に襲われていた。

「冗談でもなんでもなく、本気で言ってるなって思ったんです」

彼はマミさんの問いを受け、例の土地に関する噂話をでっちあげたのは自分で、それがまことしやかに広がっていく様子を観察するのが快感だったと述べ、自分にはそういう癖があるらしいのだと語った。

「ただそれが、口伝えでどんどん変化していった結果、最初に自分が流したものとは全く異なる形になってしまったことが許せなかったようなんです」

彼は「黒い人影がブレイクダンスしてるとか、ふざけすぎだと思ったんだ」と言い、それを塗り替えるため新しい噂を考案しようと、わざわざ夜に例の土地を見に行った。

そして実際、自分の目でブレイクダンスをする影を見てしまった。

「黒い人影がくるくるって、ねずみ花火みたいに火花散らして、それを見ているうちに俺も同じことやりたくなっちゃって、気付いたらこんなだよ。だからほんと、自殺したかったとかじゃないんだ、真似したくなっただけ」

ササキ君は澄んだ瞳でマミさんを真っ直ぐ見据え、そんなことを言ったという。

「それで、すごく不謹慎ですけど、私、『あ、コイツ、もう一回やるな』って思っちゃったんですよ。あまりにも自然に異常なことを言うので」

それから半年もたたないうちに、彼女の予想通り、ササキ君は同じ場所で同じように自分の体に火をつけ、亡くなってしまったという。

黒紙

三十代の女性、サワダさんから伺った話。


朝、夜勤を終えて自宅に帰った彼女は、歯を磨きつつ外を眺めていた。

マンション二階にある部屋からは、遠く景色を見渡すことはできない、しかし近所の住宅地から立ち上る朝の気配を感じるのが好きなのだ。

「みんなは今から仕事だけど、私は寝れるんだよねっていう、優越感ですかね」

その日も、ぼんやり目を移しながら周囲の様子を伺っていると、どうも何か変なモノが浮いているのに気付いた。

「直線距離だと五十メートルもないぐらいの所に建ってる平屋の家なんですけど、その家の窓の辺りを、くしゃくしゃの黒い紙みたいなのがフワフワしてたんです」

最初は鳥だろうかと思ったが、近くにはスズメもカラスも飛んでいる、それらと比べてみると明らかに異質な飛び方であり、形もおかしかった。

「羽とかないんですよ、羽ばたいてるとかじゃなくて、ほら、紙に火をつけた時なんかに熱に煽られてフワっと舞い上がったりするじゃないですか？　あんな感じなんです」

黒い紙はゆっくり漂いながら、風に流されるでもなく地面に落ちるでもなく、窓の付近に滞空し続けており、その様子はサワダさんの視線を奪った。

「なんだろうって、ドローンとか？　かも知れないし、見てれば正体がわかるかなと」

しかし、漂うそれを気にかけていたのは、どうやらサワダさんだけではなかった。

付近を飛んでいたカラスたちも、妙な鳴き声をあげるなど慌ただしくなってきていた。

「黒いからなんですかね？　同じ色してるから気になるのかなとか」

そのうち一羽が、威嚇するように近づいては直ぐに離れる、を繰り返し始める。

黒い紙は気にする様子もなく、ふわりふわり呑気に浮いている。

「あら、カラスにやられちゃうんじゃないかしらって思ってたら」

間もなく、それとは別のカラスがサワダさんの目の前を横切って、黒い紙に向かい一直線に飛んで行った。

「黒い紙はカラスに迫られる直前で、フッと消えたように見えました、いや自信はないですけど、ええ、カラスの口の中に入ったのかも知れないですしね。でもカラスはそのまま平屋の家の窓に頭から突っ込んで、ガラスが割れたんですよ」

その後、何が起きるのかと十五分ほど様子を伺ったが、平屋の住人が出て来るでもなく、近所の人が気付くでもなく、いつもと同じような空気が漂うのみで、何も始まらなかった。ただ、窓に突っ込んだカラスだけが、死んだのか気絶したのかぐったりと動きを止めていた。

「いや、気にはなりましたけど、こっちはこっちで疲れてたんで、まぁ、寝るかと」

床に就いた彼女が目覚めたのは昼過ぎのこと。

結局どうなったんだろうと思い窓を開けると、例の平屋の周りが騒がしくなっていた。

「後から聞いたんですが、その家、独居のお婆さんが住んでいたそうで、その方が亡くなっていたようなんです。病死らしいんですけど、真夏だったこともあって、発見されるまでの間に酷い状態になっていたみたいで」

近所の人間が、窓ガラスが割れていることに気付き、近寄ってみたところ異臭がし、警察を呼んだという流れだったようだ。

「あのカラスが突っ込んで窓が割れたおかげで発見されたわけですよね。あの後どうなったのかわかりませんが、お手柄と言えばお手柄。あの黒い紙ですか？　なんなんでしょうね、ほんとに、なんなんでしょうね」

イタズラ

ツツミ氏は六十代の男性、長年勤めた職場を定年退職した後、暇をしている。

彼の家の近所には、数年前、長い長い防潮堤ができた。

「高さは五メートルぐらいかな、長さは、そうだねぇ、端から端まで歩いて俺の歩幅でちょうど五千歩、往復で一万歩、ゆっくり進んで二時間ほどで行って帰って来れるかな」

堤のてっぺんは歩道のようになっており、海側に転落しないよう柵が設けられている。

彼は週に何度か、その上を散歩するのを習慣にしているという。

「海っぺりにあるせいか、俺以外誰も歩いてないもんだから、本読みながら歩いても人にぶつかることもないし。気がついたころには結構な運動にもなってるしでね、一石二鳥」

大抵は朝か夕方、日差しの強い時間帯を避けるため、どちらかの時間帯に歩く。

以下は彼が防潮堤を歩いていた時に体験した話である。

「さっきも言ったけど、俺以外には誰も歩いていないから、専用の遊歩道みたいなもんだ。たまに誰か歩いてくると、それだけでちょっとびびっちゃう」

人とすれ違うことは極まれで、歩き始めて一年になるが数回しかないそうだ。

ある日、彼がいつものように読書をしながら歩いていると、何かに躓《つまず》いた。

「子供用の小さい靴が並んでた」

どうしてこんなところに子供用の靴が？

すぐ下には海がある。ただし、降りるにしても、だいぶ先にある階段を下らなければならない。

まさか飛び込んだわけでもないだろう、そう思いつつ一応海側を覗いて確認してみるも、やはり子供の姿はない。

「なんか縁起の悪いイタズラかなあと思って、歩き始めたんだけど」

そこから更に歩いた場所に、また子供用の靴があった。

今度は先に気付いたので躓くことはなかった。しかし、どうもおかしい。

「さっき見た靴と同じもののような気がしたんだ」

形、色、汚れ具合に至るまで、子供靴は一度見たことのあるそれに酷似していた。

躓いた地点をツツミ氏が歩み去った後で誰かが靴を回収し、先回りして進行方向に置いておくことは可能だが、そんなイタズラをしているような人影もなかった。

「一本道みたいなもんだし、ちょっと顔上げれば全部見通せるんだよ、本を読みながらでも、全く顔を上げないわけじゃないから誰かが何かしてれば一発でわかる」

であれば、目の前にある靴はどういうわけなのか。

ツツミ氏は立ち止まって少し考え、大きく息を吸い込んだ。

「コラッ」

振り向きざま、誰もいない自分の後ろに怒鳴り声を浴びせると、殆ど間を置かず「うわーん」という子供の泣き声のようなものが聞こえた。

「なんでだったんだろうね、思い付きっていうか、どうもそういう気配があったから」

自分の周りをチョロチョロと動き回る子供の動き。

姿は見えなくとも、どこか楽し気で気忙しい、そんな空気。

泣き声の後で見回したところ、靴はいつの間にか無くなっていたとのことだ。

「それ以来、あそこ歩いてると何かいるんだ、多分子供だと思うけど、俺の後ろについたり前に回り込んだり、そんなことをしてくる、もっとも何も見えないけどね」

ツツミ氏は、現在、防潮堤を散歩する際、ポケットに飴玉を忍ばせている。

なんとなく気が向いたタイミングで、個包装のそれを適当に置いておくのだと語る。

「最初に言ったけど、俺は防潮堤の上を端から端まで行って戻ってくるから、同じ場所を二度通るわけ、その帰りに飴玉拾って舐めるんだ」

どうしてそんなことをし始める気になったのか、自分でも定かではないらしい。

ただ、回収したあめ玉を口に含むと、時々、何の味もしないことがある。

「あのガキ、ちゃんと舐めたなって」

そういう時は少し嬉しいのだと彼は笑った。

うなぎ屋の駐車場にて

その夜、コンノ君は彼女とうなぎを食べに行った。

味が良いと評判で夜は予約をしないと入れない、ちょっとお高めのお店。

食事を満喫し、二人とも機嫌よく車に乗り込んだのは二十二時を過ぎた頃だった。

「俺は酒を飲んでたので、運転席には彼女が座りました」

助手席に座りシートベルトを締めていると、彼女が「ねぇ、あれなに？」と言う。

なんのことだろうとフロントガラス越しに駐車場を見回したところ、確かに妙だった。

「俺には最初、何かが燃えているように見えました」

首を伸ばしてよく見ると、アスファルトで固められた地面に長靴のようなものが一揃えあり、どういうわけか陽炎のようにめらめらと揺らめきつつ薄ぼんやり光っていた。

——長靴？　が燃えてる？

それを見たコンノ君が眉間に皺をよせたと同時に、彼女が「うなぎ?」と呟いた。

——え? うなぎ?

目の前の現象も気になったものの、その発言を受け思わず彼女の顔を見た。

今自分たちが目にしているものは、少なくともコンノ君にとっては「うなぎ」と形容されるようなものではない「長靴?」ならわかるが、なぜ「うなぎ」なのか。

「見えていたモノ自体に関しては、妙だとは思っても怖いとは思ってなかったんですが、彼女が『うなぎ』って言った瞬間に、なぜか寒気がして」

あるいは見方によってそれは「うなぎ」に見えるのかも知れない。彼女の横顔に見入っていた彼は、そう思い直し、もう一度、暗がりに目をやった。

「やっぱりどうみても長靴なんですよ、ゴム製の。それの周りにオーラがあるみたいな感じとしか言いようがないものなんです。どこをどう見ても『うなぎ』なんかじゃない」

そんな彼の思いをよそに、彼女は「うなぎ屋だから?」と声をひそめて言う。

「うなぎ屋の駐車場だからって、なんでもかんでもうなぎに関連付けなくてもいいじゃないですか? うなぎ屋の駐車場でなら長靴もうなぎになるなんて話はないですよ」

ただ、そのうなぎ屋に関して、変な噂があったのも事実なのだそうだ。

店は現在の店主で三代目なのだが、一代目と二代目、つまり現店主の祖父と父親は重度の糖尿病が原因で、足を切断しているのだという。

何万とうなぎを捌《さば》き続けているがゆえに、うなぎに祟られたのだ。繁盛していることに対する嫉妬なのか、そんな口さがない噂話が広まっていた。

「ぜんぜん関係ないんですけど、その時は『そう言えばそんな話あったな』と思いました。糖尿病は遺伝するって言うし、そもそも、うなぎ捌いて祟られるなら、それを食ってる客だって祟られなきゃおかしいわけで」

客が祟られるような店が繁盛するわけがない。

コンノ君が混乱気味に思考を巡らせていると、彼女が「ねぇ、どう思う?」と訊いてきた。ここは話を合わせておくべきだろうか、彼女がうなぎだと言っているのだから「恐らくうなぎの霊」とでも言えば、状況は丸く収まる。

「でも嫌だったんですよ、俺には長靴としか見えないわけで、そこを曲げて『うなぎだね』って言ってしまったら、今後、ボタンを掛け違えたまま付き合って行かなければならないような気がして」

車に乗り込んで既に五分は経っている、車内で声を潜め続けても仕方ない。

コンノ君は覚悟を決め「いや、僕は長靴に見えるんだけど」と彼女に直言した。

すると、その発言を受けた彼女はどういうわけか自身のこれまでの発言を忘れでもしたかのように、「あ、ほんとだ長靴だ」などと呆けたような声で言う。

コンノ君は逆に面食らって思わず「え?」と声が出た。

彼女があまりにもどうでもよさそうに自身の主張を曲げたため、反射的にその顔を見ると、さっきまでの興奮気味だった様子とはうって変わって、やけに落ち着いている。

「なぜなんでしょうね『俺は、長靴だ』なんて言わなければよかったと後悔していました」

自分にではなく、彼女の方に深刻なボタンの掛け違いが生じたのをコンノ君は直感した。

暗がりに目を戻せば、単に薄汚れた長靴が置いてあるだけ。つい先ほどまでめらめらと異常な状態に見えたのが嘘のように、それは当たり前に長靴だった。

「じゃあ帰ろう」彼女はごく自然にそう言い、車を発進させた。

コンノ君は、助手席で揺られながら、自身でも説明できない悲しい予感を覚えたと語る。

「それからしばらく付き合いを続けたんですが、漠然と『なんだか合わなくなったね』っていう感じになって、別れてしまいました」

うなぎ屋の駐車場での話は、別れ際にも一切出なかったとのことだ。

コマちゃん

二十代の女性、ユイさんから伺った話。

自分でも何が何やらわからない記憶なのだと彼女は言う。


その日、ユイさんは自分が住んでいる県の県庁所在地をうろついていた。

近隣の市区町村と比べると発展しているその街を、そもそも、なぜうろついていたのかすら定かではなかったらしい。

「なんかちょっと遊びに行こうかなみたいな時ってあるじゃないですか？　その時も最初は自分の気まぐれみたいに思ってたんですけど、よくよく考えるとわからないんですよね」

何か食べたいものがあったわけでも、買いたいもの、見たいものがあったわけでもない。

いつの間にか、ふらっと家を出ており、気付けば電車に揺られていた。

「なので、いざ街についてもやることがないんですよ。あれ、どうしてこんなところまで出て来たんだろうなと自分でも不思議で。でもまぁ、せっかくだから」

どこへ向かうでもなく、足が向くままフラフラと歩いていた。

何も考えず、人の流れに乗るようにして大通りに差し掛かった時だったという。

「向こう側から歩いてくる女の人に見覚えがあるような気がして」

学生の頃の同級生？　いや、もっと親しかったはず。でも友達ならすぐにわかるだろうし、変だな、誰だろう。

もやもやしながら進む、相手は自分に気付くだろうか、それなら話は早いのだけど。

「で、私、その人とすれ違いざまに『コマちゃん』って声が出たんです」

女性はハッとしたように立ち止まりユイさんを見た。

ユイさんも女性を見つめたものの、「コマちゃん」に全く覚えがない。

どうしてそんな言葉を口走ったのかもわからない。

「そこからは完全におかしくて、ほんと、誰かに乗っ取られたみたいになっちゃって」

ユイさんは立ち止まった女性に対し、全く身に覚えのない来歴を語り、記憶にない思い出を語り、最後にはなぜか「ごめんね」と謝っていた。

「私の中の私じゃない人が、頑張って自分のことを思い出してもらおうと『コマちゃん』に語りかけるんですよ、そしたらコマちゃん、泣き出しちゃって」

女性は、当初怪訝な顔でユイさんを見ていたが、彼女が早口で次々と繰り出す身に覚えのないエピソードを聞くと驚いた顔になり、次に我慢するように唇を噛みしめ、やがて堪えきれなくなったように嗚咽を漏らし始めた。

「そしたらコマちゃんが泣きながら手を握ってきて、それで私もなんでか泣いちゃって」

人々が行き交う路上で、手を取り合って泣く若い女性二人。

ひとしきり泣いた後、ユイさんは、だんだん冷静になってきた。

どうして自分は見ず知らずの人間とこんなことになってしまったのか、わからない。

さっきまではいくらでも喋れたはずの身に覚えのない記憶も、コマちゃんと話せた嬉しい気持ちも、泣いてしまった理由も、何もかもが有耶無耶になり、やがて霧が晴れるようにスッと体から抜けた。

「気まずかったですよ、コマちゃん、知らない人だし」

女性もどうやらそれに気付いた様子で、持っていたハンドバッグからハンカチを取り出すと「ごめんね」と言いながら優しくユイさんの涙を拭ってくれた。

その瞬間、こみあげてきた感情があった。

「ものすごく怖くなって、ええ？　って、急に自分が自分じゃなかったことに自覚的になったというか、本当の意味で『ハッとした』んです。それで、コマちゃんには申し訳なかったんですけど、全力で逃げました、走って」

後にも先にもあんな経験は初めてだったと、ユイさんは体を震わせた。

彼女なりの苦労

看護師のアベ君は二十代の男性、勤めていた介護施設での話。

「三ヶ月更新の派遣だったんで、嫌になったらすぐ辞められるし、気楽でした」

コロナ禍のあおりを受け、人手不足に喘いでいたその施設は、看護業務に関してはアベ君のような派遣看護師によって支えられていたそうだ。

「病院に限らず、どこも大変ですよ、職員だろうが入居者だろうが、一人でもコロナに感染したらユニットごとゾーニングしなきゃならないし、その度にキャップもエプロンもマスクもグローブも取り替えて、出入りのたびに手指消毒ですもん」

そこまでしても感染は防ぎきれず、現場は常に人手不足だった。

一人、また一人とコロナウイルスに感染し、代わる代わる職員が出勤停止となる。

「だから看護師も介護士もある程度余裕持って雇っておかないと業務が回らなくなっちゃう。なので、俺みたいに臨時で勤める人間が重宝がられるわけです」

助っ人的に働きだしたアベ君だったが、勤務開始から間もなく、大きな問題に直面した。

「一人だけ、派遣じゃなく正職員で雇われてる看護師がいたんですけど、彼女の働きが、すこぶる悪いんですよ。看護師は僕を含め四人だったんですが、実質三人で回さなきゃならない状況で、参りました」

その女性は、とにかく働かなかった。

何をするでもなくうろつき、業務中にもかかわらず気付けばどこかへ消えている。

「皆が忙しく動いてるのにナースステーションで堂々と寝てたりね、カンファレンスの時なんかイビキまでかいてましたよ」

注意することすら馬鹿馬鹿しく、他の派遣看護師たちも呆れかえっていたが、彼女には不思議な愛嬌があり、施設内においてはマスコット的に可愛がられてもいた。

「普通ならクビですけどね、なぜか人気あって」

勤め始めて数ヶ月が過ぎた頃、入居者の病院受診などでバタつき、業務に忙殺されていたアベ君は、通常の昼休みから大分遅れて休憩に入った。

「昼飯持って休憩室の前に来たら、中で誰か喋ってるんですよ」

この時間、他の看護師たちは通常業務に戻っている。

であれば、中にいるのは「彼女」だろう。

「サボって通話でもしてるんだろうなと、舌打ちしながらドア開けました」

畳敷きの休憩室の中、確かに彼女はいた、しかし横になって寝息を立てている。

ついさっきまで誰かと喋っていた様子など全くない。

すると、あの声は？

「で、俺が中に入ったら目を覚まして」

――佐々木さん、どうもお世話になりました、って。

彼女はアベ君を見つめ、そう言った。

「佐々木さんは、つい数日前に容体が急変して亡くなった方でした。俺が救急車に乗って病院まで付き添ったんです」

この人は急に何を言いだすんだろう、怪訝な顔をしていると、彼女は続けて、

――救急車の中でずっと手を握ってくれてありがとうって。ホラ、佐々木さんそこで

笑ってるよ。

思わず彼女が指さした先に顔を向けると、佐々木さんが生前使っていた消炎鎮痛ローションの香りがふわっと漂った。

「ずっと手を握ってたことなんて、わざわざ職場に報告したりしないんで」

唖然としたアベ君を休憩室に残し、彼女はふらりと外に出て行った。


看護師と違い、その施設の介護士は殆どが直接雇用であるため、勤務歴の長い人が多い。

「彼らの間では、彼女のそういう面は知られたことだったみたいです」

休憩室での一件を古株の介護士に話したところ、似たような経験があるらしかった。

看護師としての職能は下の下だが、どうも妙な力はあるらしい。

「それで、その介護士の人が『コレ見て』って、昔の写真を見せてきて」

その施設を背景に、当時の職員がずらりと並ぶ集合写真。

「なんだろって思ってたら『これ、彼女だよ』って指差すんですよ」

そこにはアイドルと見紛うばかりの美形な女性の姿。

「今の彼女とは似ても似つかないから声出して驚きました」

大きく太り、目の下にいつもクマを作っている現在からは考えられない。その写真は十年前、彼女が二十代前半だった頃のものだという。

——佐々木さんのように感謝してくれる人だけならいいんだけど、そういうわけにはいかないだろうからね。彼女には彼女なりの苦労があるんじゃないかな。

介護士はそう言って、アベ君の肩を叩いた。

アベ君はその施設で六ヶ月働き、現在は別な場所に勤務している。

「休憩室での件はもちろん忘れられません。でも下手に真に受けると色々と踏み違えてしまいそうな気がするので、距離は取ってますね。ただあれ以来、亡くなられた後も感謝してもらえるような看護を実践しようとは心がけてます」

事前謝罪

その夜、自宅最寄りの無人駅で電車から降り、暗いホームを歩いていたタヤマ氏は、突然、後ろから声をかけられた。

——すみません。

おや？　自分の他に誰か降りた客がいただろうか？

利用人数の少ない地方都市の駅、これまで夜間は一人で降車することが殆どだった。

後ろを振り返ると、みすぼらしい格好の女が子供と手を繋いで立っている。

ヨレた白い半袖シャツにジャージ、素足にサンダル、水で流しただけのような髪の毛。

子供も、いまはもうない球団の野球帽をかぶり、似たような格好で俯いている。

タヤマ氏は警戒しながら「どうしました？」と訊ねた。

その様子から、金でも無心されるのではないかと思っていたという。

――すみません。

母親らしき女は、頷くように首をコクッと脱力させ、再びそう言った。

見ず知らずの人間である、謝られる覚えなど無い。

「なんなんですか？」

女子供とはいえ、薄気味悪さに気圧され、やや語気が強まる。

痩せ細った女は、弱々しい印象とは裏腹に暗い目でタヤマ氏を見据え、更にもう一度、

――すみません。

と言う。


「俺も、状況によっては少し恵んでやろうかなとか考えてたんだよ。それこそ今にも死にそうな様子だったたし、子供も連れてたから」

どうせなら直ぐ「お金を貸してください」とでも言われた方が良かった。

なんのつもりなのか知らないが「すみません」ばかりでは話にならない。

「近辺じゃ見かけない顔だったからさ、別な土地で暮らしてたのに生活に困って、こんなところまで来たんじゃないかとかね、心中するつもりだったけど止めたとか」

女一人ならまだしも、子供連れであったことがタヤマ氏をその場に留めた。

どんな事情かは知らないが、早まるようなマネはいけない、そう言って幾らか金を握らせ、自分は足早に立ち去る、そういう展開になりそうで、ならない。

女はまたもや「すみません」と言い、コクっと頭を下げる。

いい加減これ以上付き合うのは馬鹿馬鹿しい、タヤマ氏は苦い表情で舌打ちをし、その場から立ち去るべく二人に背を向けた。

——すみません。

「まだ言うのかと思ってさ、いい加減うんざりだったから、財布から二、三千円出して投げつけてやろうと振り返ったんだけど、いないんだよ、女も子供も」

あれ？

そんなに機敏に動けるような二人ではなかった、夜間とはいえ外灯に照らされた駅のホームは、ある程度、奥の方まで見渡せる。

そのどこにも、誰もいない。

「仕方ないからさぁ、線路とか覗き込んで確認もしたよ」

一瞬で姿を消す方法があるのだとすれば、線路に飛び込む以外にない。

「でもいないんだよ、女も、子供も」

ずっと感じていた薄気味悪さが、その色を濃くし、じわりと不安へ変わる。

——すみません。

耳元で聞こえた瞬間、タヤマ氏は飛び退くような動きをした後、全力で走った。

「そんなさぁ、幽霊とか、いるなんて思わないじゃない、いつも使ってた駅なのに」

一人暮らしの自宅アパートに飛び込んでからも、しばらくの間は壁を背にして警戒していたらしい。

「ついてこられるんじゃないかとか考えちゃって、眠れないしさ、遅かったけど友人に電話して話聞いてもらったんだ、だけど『なんもしてないのに急に謝られて意味わからん』って言ったらソイツ『いや、これから何かするつもりで謝ってたのかも知れないだろ』なんて言いやがってさ……」

次の日、朝イチでお祓いを受けに神社へ向かったそうだ。

以降、例の駅で降りることはなくなったとのこと。

同調

三十代の会社員オイカワ氏から伺った話。

その頃、彼は左腕の倦怠感と重苦感に悩まされていた。

湿布を貼ってもローションを塗っても効果はなく、軽い体操やストレッチを生活に組み込んでも改善せず、病院で検査をしてもらっても「特に異常はないので心配しなくていいですよ」と言われ、困り果てていた。

「心配しないでダルさが治るんだったらいいんだけれど、そんなことなかったからね。ビタミンだかなんだかの薬も処方して貰ったけど効かなかったし」

利き腕でなかったのが不幸中の幸いで、あまりにも症状が辛いときは三角巾で腕を吊るように病院ですすめられたため、そうしていたとのこと。

「左腕吊ってても右が動けば何とかなったから、生活への支障はそこまでじゃなかった、でもシンドイのは変わらないのよ、吊っててもダルいし重いし」

気をもみながら、半年ほど左腕の症状に付き合い続けた彼は、その年の八月、奥さんを伴い、盆休みを利用して実家に帰省した。

「毎年盆か正月には帰省してたから、そん時は盆だったってだけ」

オイカワ氏の実家には広い庭があり、その一角に彼の誕生を記念して植えられた記念樹が生えている。

「クヌギの木なんだけどね、俺が生まれてもう三十四年でしょ。結構、何メートルだろ、五メートル以上にはなってて、立派に育ってるんだ」

幼い頃から馴染み深い木であるため、帰省の度にいい気分で眺めるのだが、その時、並んで見上げていた奥さんが「ねぇ、あれじゃない？」と言って一本の枝を指差した。

何のことかわからないまま、彼女の指し示す先に目をやると、太い枝の根元に煤けたトラロープが何重にもギッチリ結わえてある。

「え？　どういうこと？　って訊いたんだよね、何が『あれ』なのか」

すると奥さんは、生まれた時に植えられた記念樹にキツくロープが巻かれているため、オイカワ氏の腕はそれにシンクロして苦しくなっているのではないかと語った。

ファンタジーめいた発想ではあるが、そう言われてみればなんだか気持ちが悪い。

両親にロープのことを訊くと、何かの都合で一時的に巻いたものをそのまま放置しているだけなので外してしまって構わないとのことだった。

「そんでまぁ、俺のことはどうあれ、木が可哀相だったから脚立出して外してやったの」

するとその途端、嘘のように左腕の症状が消え失せた。

まさかと思い振ったり伸ばしたりを繰り返したオイカワ氏は、思わず笑いが出た。

「いや怖いよ、こんなことあんの？　って、ビビった」

病は気からというが、そもそも彼は記念樹にロープが巻かれていたことなど知らなかったのだから、なおさら不思議。

一方、その様子を見ていた奥さんは、自分の提案がバッチリ決まったことに気を良くしたのか、手を叩いて喜んだ。

「そしたら今度はさ、『この木、いっぱい虫が集《たか》ってるけど、これ全部駆除したら、皮膚の湿疹も治るんじゃない？』って言うわけ」

オイカワ氏は夏になると自分の汗にかぶれでもするのか、痒みを伴う湿疹が出る。

それは昨日今日に始まったことではなく、高校生ぐらいからずっとそうだった。

言われて樹皮に目をやると、確かに蛾の幼虫らしきものが這っていたり、何だか穴が開いていたり、傷んでるような箇所があるなど、虫の仕業と思われるダメージが見て取れた。

「今さっき腕が良くなったばかりだったから、まんざらでもなくなってたんだけど、止めといた。だって怖いじゃない」

せっかくだから薬でもふって虫ぐらい駆除しても良さそうなものだが、オノデラ氏はある考えからそれを止めた。

「もしそれで俺の湿疹が治ったんだとして、そんなことが本当にあるのなら、この木に何かあった時は、それが俺の寿命ってことになりはしないかと考えた。馬鹿げた解釈なのはわかってるけど、左腕が劇的に良くなったのは事実だから怖いんだよ。まぁ湿疹は我慢できるしね、なんでもかんでも関連付けちゃうのは、そのぐらいで止めといた方がいいと思ったんだ」

何かを噛む

リコさんは、夜中に寝ていると口の中がジャリっとして目が覚めるようになった。

虫を噛んだような気がして気持ち悪く、口腔内を確認するのだが何もない。

ネットで検索すると顎関節症になるとそのようなことが起こると知り、歯科を受診してマウスピースを作ってもらった。

果たしてそれを付けて寝た夜、口の中を何かがモゾモゾ動いている感覚で目覚めた。

マウスピースを付けたまま、口腔内を確認するも、やはり何もない。

彼女は、ジャリっとするのもモゾモゾするのも嫌だが、モゾモゾしたものをジャリっと噛んでやらないと腹の中に入って行きそうな予感がしたそうだ。

結局、リコさんはマウスピースの使用を止めた。

仕方ないことではあるが、未だ、ジャリっとして起きることがあるという。

蛾

八月、お盆の時季、朝、タケダ君が自宅アパートのカーテンを開けると、目の前に十センチ以上はあろうサイズの蛾がいた。

「網戸とガラス戸の間なんですよね、いた場所」

普段から網戸もガラス戸も閉め切っているため、そんなものが入り込む余地はない。

サッシの建て付けがおかしくなっているのかと確認してみるも、問題なし。

蛾は腹を外に向け、翅をこちら側に向けとまっている。

ガラス戸と網戸の間は一センチほど、サイズ的にぐるっと裏返るスペースもないため、部屋の中から飛んでいってペタっと網戸にくっ付いたのだと考えるしかないのだが、その窓ガラスは何ヶ月も閉め切ったままである。

「どっからどうやって入ったのか謎でした」

淡い緑色のそれは一見美しく見えはするものの、そもそも昆虫が苦手なタケダ君にとっては気持ち悪かった。

「逃がすにしたって一度は窓ガラスを開けなきゃならないし、もし、その時に羽ばたかれて部屋の中を飛び回られたりするのは嫌だったんで、そのままにしました」

死んだ頃に掃き出そう、そう思って再びカーテンを閉め、蛾が目に入らないようにした。

「バタバタしてたせいで、それからしばらく、カーテンを開けることがなかったんですよね」

タケダ君は、その年、仕事が忙しく盆休みを返上で働いており、振替で連休が取れたのは九月も後半に差し掛かった頃だった。

田舎に帰ったその日、彼は友人の墓参りに向かった。

五月に持病で亡くなった幼馴染、葬式には出席できたが初盆には顔を出せなかった。

忙しくてな、すまんかった。

心の中でそう語りかけながら、墓石に水をかけていたところ、ふと思い出した。

――死んだら幽霊になって顔出してやるよ。

入院していた幼馴染を最後に見舞った時、いたずらっぽくそんなことを言っていた。

馬鹿か、早く元気になれ、そう返したタケダ君は、それが今生の別れになるとは思ってもいなかった。

既に骨になってしまっている幼馴染、幽霊になって顔を出すことはなかった、が。

「蛾、あの蛾、どっから入ったのか意味わからなかった蛾」

もしやあれは、死んだ幼馴染ではなかったか？

盆時期に帰省もできず、職務に忙殺されていた自分を見舞ってくれたのではなかったか。

田舎から戻って来た日、彼は一ヶ月ぶりに例のカーテンを開けた。

夏の日に焼かれ、ボロボロになってなお網戸に縋り付いていた緑の蛾は、タケダ君がカーテンを開けたと同時、窓枠へポトリと落ちた。

四散

二十代の大学生オバタ君の体験談。

その晩、自宅で眠っていた彼は、妙な音を聞き目を覚ました。

キッキッと何かを漕ぐような音と共に「たすけてください」という小さな囁き。

それらはほんの微かな音量で、耳を澄ましていなければ気付かないようなもの。

「最初はどっか家の外、遠くから聞こえてくるのかなと思ってたんだけど、どうも違うような気がして」

部屋の灯りを付けベッド周りを見渡したところ、壁に添うようにして、それはいた。

「大きさは子供の指を含めない手の平ぐらい、メスカブトムシの殻剥いたみたいな感じの形で、動くたびに背中がモリモリ動いてて、全体的に見ればでかいゴキブリっぽいんだけど、そいつ虹みたいに光ってるの、背中の部分が」

目撃した瞬間にベッドから跳ね起き、その虫に対して構えた。

動きはゆっくりであるものの、何かの弾みでゴキブリのごとき素早い動きに移行するかも知れない、そうなった場合、自分は叫び声をあげるだろう。

「いや小っちゃい羽虫ぐらいならまだいいけど、あんな虫部屋に出たら誰でも動悸がすると思うよ、俺はもともと虫は得意じゃないから、気が遠くなりそうだった」

彼の部屋にはこれまで一度たりともゴキブリはおろか大きな虫など出たことがなく、また、そうならないように小綺麗にもしており、外からの侵入に備えて窓の開け閉めにすら気を使ってきた。

にもかかわらず、どんな図鑑にも載っていなさそうな虫が、目の前に居る。

しかもそれは、のそのそと彼の部屋の本棚の陰、入り込まれたら面倒くさい部分に向かい、少しずつ歩みを進めていた。

「後ろに回られたら本棚をずらすなりしないと手の施しようもなくなるし、そうなった場合もう寝れなくなるなと思ったから」

ゴキブリに遭遇した経験すらなかった彼の部屋には、それ用の殺虫剤などもない。

見ていることすら不快だが、すぐにでも何かで叩き殺す以外に方法がないため、彼は覚悟を決めて、机の上にあった三十センチ定規を手に取った。

「でもさ、ただ叩いて外してしまったり、当たったとしても致命傷にはならなくて半殺しになった場合なんかに、スピード上げて逃げ去るかも知れないでしょ、本棚の裏とかにさ」

そうなったら最悪だ、一撃で仕留めなければ、寝るに寝られなくなる。

虫から目を離さず、定規のしなりを確認する。

ギリギリまで近づき、引き絞った一撃をくらわせれば、殺《や》れるはず。

にじり寄るように歩を進め、恐怖心に抗って虫を直視し、定規を構える。

虫は背中を盛んに動かし、それに合わせてキッキッと微かな音が鳴っている。

そしてどういうわけか「たすけてください」という声も発していた。

部屋にいる生物は自分と目の前の虫のみ、状況を考えるとこの忌まわしい虫が喋っているのだと考えるしかない。

「あるいは寝惚けて幻覚見てるのかとも思った、でも居るんだよ、夢じゃないんだ」

あれこれ考えている間にも虫の歩みは進んでいる、早く殺さなければ、殺してしまいさえすれば後からなんとでもなる。

オバタ君は虫に対し、鞭のようにしならせた定規の一撃を放った。

「そしたら弾けたんだよ、パァンって」

定規が虫に当たった直後、それは正に四散した。

いや、正確には四散どころではなく、爆発したのち全てが掻き消えたらしい。

残骸を回収するため辺りを確認するも、なぜか足の一本すら見つからなかったそうだ。

「そんなわけないじゃん、勢いつけたって定規だよ？　それを思い切り打ち付けたところで、あんな勢いよく破裂するもんじゃないでしょ普通」

彼はその後、体液すら残さずに消えた虫の処理をすべく、何もない床を拭き、壁を拭き、それ以外にも周囲をあらかた拭き清め、そして自らは風呂に入った。

「わかんないけど、あんな気持ち悪いのが爆散して、部屋にまぶされたようになってるのかと思うと嫌で嫌で」

その後、同じような虫の出現は今のところないとのことだが、再び出現した時に備え、オバタ君はゴキブリ用の殺虫剤を常備しているという。

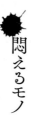

悶えるモノ

ニシオカ君はバス通勤をしている。

その日の夕方、彼は自宅から一番近いバス停の、一つ前で降車した。

ティッシュペーパーなど、日用雑貨を購入するため、ドラッグストアに寄りたかった。

自宅までは徒歩で帰ることになるが、それでも停留所一つ分、徒歩で二十分ほどの距離。

買い物を終え、右手に五箱パックのティッシュ、左手に洗剤など諸々を詰めた買い物袋を下げトボトボ歩いていると、ぽつりぽつりと雨が降り出した。

それは急速に勢いを強め、間もなくザーザーと音を立てるほどの本降りとなった。

スーツを着ていたし、ティッシュも持っている、びしょ濡れにはなりたくなかった。

雨宿りすべく駆け込んだのは、住宅地にある公園の東屋。

椅子もテーブルもあり、何より広い屋根がある。ここで雨脚が落ち着くまで様子を見よう、彼はそう考え、椅子に腰かけた。

スマホを取り出し雨雲レーダーを確認すると、どうやら通り雨のようだ。三十分もすれば止むだろう。

ほっ、と溜息をつき、雨に洗われている公園を見渡す。

真夏の十九時、自分以外の人影はなく、宵闇が徐々にその色を濃くしていく。

――ガサガサッ
音に気付き目をやると、四本ある東屋の柱の一つに、ビニール袋が引っ掻かっていた。

ゴミ箱代わりだろうか、ニシオカ君の頭ぐらいの高さに吊るされているそれは、中に何やら入っているらしく、やや膨らんでいる。

――ガサガサガサッ
彼が見ている前で、ビニール袋は更に音を立て、小刻みに揺れた。

まるで、生きた魚が中で身悶えしているような具合だった。

しかし、薄っすらと黒ずんだそのビニール袋に、そんなものが入っているとは思えない。

吊るされて何日も経っているように見えるし、何より住宅地の公園である。

するとと、なんだろう。

時季的にカブトムシやクワガタ、カナブンのような甲虫の類かも知れない。中で羽を広げれば、同じようにビニールは音を立て、揺れるはず。

甘い飲み物のカラなどが入っていれば、匂いにつられて迷い込んでいてもおかしくない。

――ガサッ
いやでも、それにしては音というか存在感が重い感じがする。

甲虫ならもっと羽音がして良さそうなものだが、それも聞こえない。

他に考えられるとすれば鳥だけれど、それならもっと騒がしいのではないだろうか。

これが昼間なら、あるいは誰か他に人がいれば、ビニール袋の中を覗き込んで確認できそうな気もする、だが宵闇迫る雨の公園においては気後れが先立った。

雨宿りのために庇《ひさし》を借りて一五分、音は断続的に鳴り、その都度ビニールは揺れた。

どうもやはり魚が中に入っているように思われるものの、それならそろそろ死んでいなければおかしい、ビニール袋の中に水が溜まっているようには見えない。

ニシオカ君は自然に、袋が吊るされた柱とは対角の位置に移動していた。

何なのかは不明だが、もし中から飛び出してきた場合に備え、とっさに対応できる距離を確保しておきたかった。

間もなく雨は止む、それまでの間は、中のモノと庇を同じにしていなければならない。

――ガサガサガサッ
またしても音を立て揺れるビニール袋。

――ガサガサガサガサガサガサッ
今度はどうも長い、今までで一番悶えている。

ああ、これはもしかするとネズミかも知れない。そうだ、その可能性が高い。

――ガサガサガサガサガサガサガサッ　ベチャ
目が離せずにいたニシオカ君の前で、ビニールの中のモノは、袋の底を突き破って落下した。

同時に、女性用のシャンプーを吐瀉物で溶いたような臭いが立ち込める。

それは魚でも、甲虫でも、鳥でも、ネズミでもなく、粘性の高いスライム状のもので、落下後は、暗い東屋の地面に染みのように広がった、それだけだった。

ニシオカ君は、まるで何かの出産を見たような感覚に陥り、悪酔いでもしたかの如く気持ち悪くなってしまい、まだ止まない雨の中を震えながら立ち去ったそうだ。

黒糸

カマタ君がその心霊スポットを訪れたのは今から五年前のこと。

地元の夏祭りがあった晩、高校の同級生六人で向かったのだという。

「もともとは古い家が建ってたらしくて、その廃屋こそが心霊スポットだったようなんですけど、もうとっくに朽ち果てていて、今は雑草が生えているだけの土地なんです」

曰く由来もハッキリせず、どういう出来事があって、どんな幽霊が出るのかなども不明であり「心霊スポットだ」という噂だけが独り歩きしていた。

「古いローカルネタなんで、ネットとかで検索しても出てこないんですよ。まぁ一軒家が建ってるままだったら、もう少し有名になってたと思うんですが、もう何も無いですしね」

彼らはその場所の存在を、先輩あるいは親などから漠然と聞かされてはいた。

「殺人事件があったとか、死体が遺棄されていたとか、一家心中があったとか、何かそれらしいことを皆言うんですが、人によって全部バラバラで、何が本当なのかわからないんです。というか全体的に嘘くさいなぁとは思ってました」

あるいは全部でまかせで、噂が噂を呼んだだけの、単なる廃屋だったのかも知れない。しかし、彼らにとってはそれで良かった、少しでも盛り上がれば思い出にはなる。

男ばかり六人、祭りの余韻に浸りながら夜道を進んだ先、その土地はあった。

「山の麓にある、ただ暗いだけの野原なんです。懐中電灯で照らして家の跡を探したりもしたんですが、夜だしわからなくて。特に不気味ってこともないし」

要するに肝試しとしては失敗だったようだ。

せっかく郊外まで足をのばしたにもかかわらず、ただ疲れただけで街まで戻ってきた彼らは、一休みするためにファミレスに入った。

すると、仲間の一人がしきりに何かを手で払うような仕草をしている。

どうしたの？　と訊いたカマタ君に、彼は「さっきから蜘蛛の巣が絡まってくる」と言い、自分の背中や肩、頭などに蜘蛛がいないかどうか見て欲しいと懇願した。

その発言を受けて、残りの五人全員がそれぞれ確認したものの、蜘蛛などいない。

「だから俺は最初『気のせいじゃないの?』って言ったんですよ」

だがそれから少しすると、他のメンバーも口々に「なんだこれ」「うわ、やっぱ蜘蛛いるわ」などと言いだし、同じように何かを手で払い始めた。

「それ見てるうちに、なんだか俺も蜘蛛っぽい糸が絡まってくる感じがしてきて」

顔や首筋を、ついつい手で払ってしまう。

ドリンクバーしか頼んでいなかった彼らは、飲み物を放置して一端外に出ると、お互いに体を叩き合って蜘蛛を探した。

六人に絡めるように糸をかける蜘蛛なのだから、それなりに大きいかも知れず、心霊スポットを訪れた時よりも冷や冷やしたとカマタ君は語る。

「でも結局、蜘蛛は出てこなくて、叩き合ってるうちに糸も絡んで来なくなったので、何なんだろうねって、店の中に戻ったんですが」

席に座った直後、カマタ君は仲間の一人に「お前それなに?」と指摘された。

最初は何のことかわからなかったが、指差されている自分の左腕を見てみると、長く真っ黒い糸が付着しており、それがファミレスの外に向かって長く伸びている。

「人の髪よりも細かったと思うんですが、ものすごく黒いのでハッキリ見えるんですよ」

驚いて右手で払ったそれは容易《たやす》く切れ、まるで納豆の糸のようにふわりと虚空に消えた、と思った次の瞬間、店の外から大きな笑い声が響いた。

「女の人の声なんですけど、ゲタゲタゲタゲタゲタっていう感じで、いえ、それは僕らだけじゃなくあの時店にいた殆どが聞いていたと思います、けっこうザワついたんで」

あまり聞いたことのない類の笑い声だったとカマタ君は言う。

「それで終わりです、その後は特に何もなく、俺らもよくわからなかったので……時系列で並べると全部関係しているように聞こえるかもしれませんが、どう関連付けるモノなのか、そもそも関連しているのかどうかもわかんないので、ハイ、これで全部です」

仏間で目覚める

オノデラ氏はバツイチ独身の四十代男性。父親を五年前、母親を二年前に亡くし、現在は生まれ育った実家を引き継いで一人暮らしをしている。

「俺は兄妹もいないし、元嫁との間に子供もいない、親戚も元々少ないから、身内って呼べる人間はもういないんだ。でもさぁ、家だけは三つあんだよ」

今住んでいる生家と相続した父方と母方の実家、計三つの物件を所有しているとのこと。

「親父も母親も一人っ子でね、そういう意味では一人が染みついた家系なんだよな」

両方の祖父母が亡くなった後、それぞれ実家を管理していた両親も亡くなり、結果的にそれらを相続したのがオノデラ氏ということになる。

「どっちも古い家だから賃貸には向かないし、放っておいたら放っておいたで税金だなんだのと面倒だしさ」

母方の家に関しては取り壊すことにしたが、父方の家は思うところあって、セルフリフォームをしている最中なのだそうだ。

「本当は父方の家もサラ地にする予定だったんだけど、ちょっとな」

そう言って彼は以下の話をしてくれた。


「父方の家ってのは古い農家でね、一人息子の親父がそれを継がずに家を出たから、祖父さん祖母さんが死んだ後は誰も住んでなかったんだ」

オノデラ氏の父親が健在だった間はちょくちょく様子を見ながら庭の手入れなどをしていたそうだ。だが亡くなって以降は、管理らしい管理もなされなかった。

「だからまぁ、雨漏りだのネズミだの色々酷くってね、昔の価値観で建てられてるもんで無駄に広いしさ、業者頼んで見積もり出して貰ってもいたし、取り壊すしかないないと思ってたんだけど。そしたら何回も呼ばれちまってさ」

呼ばれる、とはどういうことだろう？　今しがた長いこと無人であると語ったばかりの彼に疑問の声を向けると、彼は笑いながら言った。

「いやね、何か知らんけど寝てんだよ俺、父方の実家の仏間に」

オノデラ氏の弁によれば、自分では全く無意識のうちに、いつの間にか父方の実家に入り込んで仏間で寝ているという妙な事態が続いたのだという。

「雨戸も開いてない真っ暗な中で目が覚めるもんだから、最初は何がなんなのかわけわかんなくて叫び声あげたわ」

そこが父方の実家だと気付くまで、あちこちに頭をぶつけ、転び、殆ど半狂乱でドタバタしたと彼は笑った。

「雨戸を開けたところで薄暗いし、カビ臭ぇし、先祖の遺影は並んでるしでよ、マジで勘弁してくれって思ったね」

状況を整理すると、そもそも自室で眠りについた彼は、自分の意志とは無関係に起き上がって自宅を出、車に乗り、父親の実家まで二十分の道のりを運転した後、車を停めて玄関を開け、仏間で横になるというのを繰り返したとのことだ。

「立て続けではないけど、計三回そんなことがあった。ただ完全に記憶がないかっていうと実はそうでもなくて、なんとなく薄らぼんやり憶えてはいるんだよ、でもそれは俺の意志じゃないの。だってわざわざそんなことする意味ないじゃない俺にはさ」

そのため、オノデラ氏は自身のその行動を「家に呼ばれたのだ」と解釈しているようだ。

「タイミング的に、解体されたくないんだろうなって思ったよ、それが家なのか、祖父母なのか、それより上の先祖の意思なのかはわかんないけどね」

以上の出来事を経て、彼は父方の実家をセルフリフォームしている。

「解体費用も納屋だのなんだの含めると三百万越えるって言われたから、その分の金で大工ごっこするのもイイかなと」

そう決断して以降、仏間で目覚めたことはないらしい。

しかし、問題が無いわけではないのだと、彼は言う。

「いやホラ、俺も一人だからさ、俺が死んだらどうなんのかなって考えるよね。いずれ関わった人間に祟ったりしなけりゃいいなって。ああでもその頃には俺もあっちに居るわけだから、俺がどうにかすりゃいいのか、くっそ面倒くせぇな」

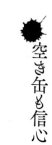

空き缶も信心

私は酒場や小料理屋のカウンターなどで怪談ネタを嗅ぎ回ることが多いため、結果、体験者にやや偏りが出る。傾向として三十代から六十代の単身者、男性が多い。

以下の話は、前話「仏間で目覚める」を提供してくださったオノデラ氏と同席した際、同じカウンターに並んで我々の話に聞き耳を立てていたヨシダ氏が「俺もあるよ、妙な話」と語ってくれたものである。

ヨシダ氏は現在六十代の男性、彼も三十代で離婚しているバツイチで、この話の当時は四十代、オノデラ氏と同じく、早くに両親を亡くしており、離婚を機に実家に戻って暮らし始めてからしばらく経ってのことだという。

「うちの家は二階建てで、俺が使ってる部屋は二階にあるんだけど、結構汚いんだよ、色んなものが整理もされずに溢れかえってる」

ヨシダ氏の実家は、もともと兄妹を含め家族五人で暮らしていた家だったが、先述したように両親は既に亡く、二人いる姉も嫁いでいるため、当時から当人は一人暮らし。

「男一人だとルーズになっちゃうんだよね、あの頃は仕事も忙しかったし尚更」

それでも一階は人目に付くので、彼なりに掃除はしているらしい。

ただ二階の自室は、人に見せられる状態ではないとのこと。

「まぁゴミぐらいは捨ててるけどね、足の踏み場もないぐらいではあるよ」

そんな中、彼の部屋に居座り続ける、ある「ゴミ」があったという。

「俺が飲み終わったビールの缶なんだけどさ」

いつか誰かから貰って仕方なく飲んだもので、彼が愛飲していたものではなかった。

「ビールは毎日飲んでたから、空き缶は溜めないようゴミ袋に放り込むようにしてたのに、どういうわけかそれだけが、捨てられもせずにずっと残ってて」

ヨシダ氏が好んで買っていた銘柄とは違ったため、かのビール缶は目立っていた。

目立っているのなら捨ててしまえば良いようなもの、しかしそれは彼が捨てようと思った際には見当たらず、何か他のことに気を取られている時には目の端に入ってくるという具合で、まるでかくれんぼのように身を眩《くら》ませた。

「見当たらないから『あれ、そういや捨てたっけな』とか思ってると、そっから何日かしてその辺に転がってるのに気付いたりする。まぁ部屋自体汚いから馴染んではいたし、別にビールの缶が一つ二つ転がってたところでっていう」

そんなこんなで、なんとなく放置していた結果、空き缶は何年もヨシダさんの部屋に在り続けた。

「いや何年も経つと今度は捨てたくなくなるんだよね、ゴミなのに愛着湧いちゃって」

ヨシダ氏が言うには、そのビール缶は、どうも彼の部屋の中を勝手に動き回っていた気配があったとのこと。

「床に転がってるな、と思ってると、別な日には本棚の上に立ってたりする。もっともその頃には捨てるのも忍びなくなってたから、何かのはずみで俺が動かしてた場合だってあるとは思うんだけど……」

ヨシダ氏の汚い部屋で、まるでペットのような存在感にまで成りあがった空き缶は、ある決定的な役割を果たした結果、実は今もヨシダ氏の自宅に鎮座している。

「うちさ、古い造りだから仏間に神棚があるんだよ。俺は両親が神棚に供える水を毎日変えてたのを見て育ったから、一人で暮らし始めた当時から今まで、仏壇と神棚の水は毎日欠かさず替えてるの」

ゴミ溜めのような部屋の住人とは思えない発言だが、そうなのだという。

その日も、彼は出勤前に水を替えるべく神棚を見上げた。

「そしたらさ、ビール缶が神棚に立ってたんだよ、堂々と」

自室で勝手に転がったり移動したりしている分には何とも思わなかったが、さすがに神棚に立っているとなると話が変わる。

「だって言ってしまえばゴミだからね、そんなもん酔っぱらってたって神棚になんか上げないよ。でも、立ってたんだなぁ、あの日」

ヨシダ氏は事態を重く捉え、それを何かの前触れ、あるいは警告なのではないかと考えた。

「ちょうどその日、出張で○○まで行く予定だったんだけどさ、別日に変えたんだ。どうもなんか気乗りしなかったのを、神棚の空き缶に後押ししてもらった」

果たしてその日、○○のアーケードに車が突っ込む事件が起こった。

多数の死傷者が出たその現場は、彼の出張先とは目と鼻の先。

「まぁ起こらなかったことを言っても仕方ないんだけど、俺たぶん、本当なら、あそこで死んでたんじゃないかと思うんだ」

以来、空き缶は神棚に上がったまま、縁起物として彼に拝まれ続けている。

「イワシの頭も信心っていうけど、俺の場合はビールの空き缶がそれなんだ」

そう言って両手を合わせると、ヨシダ氏は目を瞑って黙祷した。

しょっこの爺さん

「しょっこ」や「しょっこさん」と呼ばれていたとウエダ氏は言う。

彼が小学生の頃なのでもう四十年近く昔の話だ。

「今で言うホームレスだよね、当時はもっと侮蔑的な表現だったけど」

しょっこさんは油を吸わせたような薄汚れた服を着、髭は伸び放題、白髪混じりの髪はぼさぼさ、底の抜けたようなサイズの合わない靴を履いてぺったんぺったん歩いてくる。

「見かけると皆でからかうんだ、『おいしょっこ！』だの『服洗え！』だのね、何歳ぐらいだったんだろうな、七十代ぐらいだったんじゃないかな」

遠巻きに囃し立てる彼らの声などまるで聞こえないような素振りで、しょっこさんは子供達に一瞥もくれず、ゆっくりと小さいリヤカーを引きながら、どこへともなくぺったんぺったんと消えていく。

「しょっこの爺さんには石を投げても当たらないっていう話があって、ガキどもは見かけるたびに小石を拾って遠投するんだけど、これが本当に当たらないんだよね。リヤカーには当たっても爺さんには絶対当たらない」

異臭がするしノミやシラミがうつりそうだったため、決して近くには寄らず、遠くから侮蔑の言葉を向け、石を投げつける子供達。

それは時々生じる娯楽の一環として、彼らの間で決まり事のように繰り返された。

「一ヶ月とか二ヶ月おきとか？　だいたいそのぐらいの頻度でうちらの地区を通りかかるんだ、おそらくは近隣市町村をぐるぐる回ってたんじゃないか」

そんな「しょっこさん」に「客」が来ることがあった。

「客」は黒塗りの車に乗り、立派なスーツを着、標準語で話すことが多かったという。

「特定の一人二人ってんじゃなく、けっこう色んな人が訪ねて来たよ、俺らが外でワイワイやってるとさ『しょっこさん見なかったか？』とか『最後に見かけたのはいつだ？』とかさ、そんなことを訊いてくるんだ」

見かけたのはいつで、どっち側に向かって歩いて行ったかなどの情報を語ると小遣いをくれたため、彼らはこぞってしょっこさんの情報を「客」に流した。

立派な身なりの人達が、どうして追いかけるように汚らしい老人を探すのか、ウエダ少年らは不思議に思っていた。

「時期？　小学校の低学年から高学年にかけてだなぁ、俺が知るだけでも五年ぐらいは近辺をうろついてたはずだよ。もっと上の代の先輩なんかも知ってたから、俺らが見たのは爺さんの最晩年の頃だろうね。『しょっこ』って呼び名も、既にそう呼ばれてたものだったし」

見かけなくなってからしばらく、ウエダ少年が中学生の頃、どこからともなく「しょっこの爺さんが死んだ」という話が流れてきた。

「どうも大金を持ってたらしいっていう噂もあった。リヤカーに大金積んだまま野垂れ死んでたっていう、何千万とかあったって。当時は『盗んでおけばよかった』なんて笑い話になったんだけどさ――」

ウエダ氏が成人を迎え、社会人として働きだしてからのこと。

ある会食の席で、さる大店の社長が「生き神様」の話をしだしたことがあった。

「俺は上役について行っただけだから、ふんふんって聞いてれば良かったんだけど」

そこで語られる人物像に憶えがあった。

汚い恰好、小さいリヤカー、町から町へ移動、その時期。

「あれ、それ『しょっこの爺さん』じゃないですか？　って、言っちゃったんだよな」

すると社長は破顔し「おお！　君は知っているのか」と声をあげた。

「周りの人達は話半分って感じで聞いてたから、俺の発言が援護射撃になったんだろうね、社長、テンションあがっちゃってさ」

社長が語るところによると「生き神様」はもともと某地方において厄払いで名を馳せた知る人ぞ知る人物だったのだが、何か大きなしくじりをした後に落ちぶれ、その後、どういうわけかウエダ氏の住んでいた近辺で浮浪生活に入ったのだそうだ。

「ただ、その能力は健在だったらしくて『厄を吸う』んだとかなんとか」

しょっこの爺さんは、ウエダ氏が少年だった時代、既に認知症のような状態であり、耳も聞こえず、目は殆ど見えていなかったらしい。それが「しくじり」に起因するものなのかどうかは不明だが、既に半死半生のような状態であったと社長は語った。

「それで、そんな状態の人間に『厄』を押し付けるために方々から色んな人が訪ねて来てたって言うんだな、それはホラ、俺も憶えがあったから」

立派な車に乗り、立派な服を着た、小遣いをくれる人たち。

彼らはしょっこの爺さんのもとを訪れ、自身に降りかかる災厄を押し付けるべく、リヤカーに束で金を投げ込み、拝んだという。

「結果的に商売繁盛から病気の治癒まで、ものすごく効いたって話だ」

社長の話が本当なら、亡くなった際に大金が見つかったという噂との辻褄も合う。

ウエダ氏は、空恐ろしい気持ちでその話を聞き、今更ながら爺さんに同情した。

「ようは身代わりっていうか、生贄っていうか、そんな話でしょ？　都合よくそんなことできんのかよとも思うけど、俺が子供の頃に爺さんに関して見聞きしてきたことと、その時点で既に五十は越えてた社長の話とが完全に一致するもんだからさ」

そんな人物に罵声を浴びせ、石まで投げつけていたのかと思うと、自分のことながらうんざりし、いたたまれなくなった。

「例の社長はさ、その話を楽しそうにするんだよ、あんな人なかなかいないとか、今も探せばどこかに同じようなのがいるかも知れないとかね。金持ちってすげえなと思った」

話を聞いているうち、ウエダ氏は爺さんがなぜ「しょっこ」と呼ばれていたのかにも気付いたという。

「社長は『生き神様』なんて言ってたけど、ようは厄を押し付けられてたわけじゃない？『厄の背負い子』なんだよ、それが『背負い子』になって、地元訛りで『しょいこ』『しょっこ』と変わっていった。身も蓋も無いっていうか、あの時点では名前も人格も忘れ去られて、単に機能としてそう呼ばれてたんだろうな」

彼が本当はなんという名前だったのか、社長に訊いてもわからなかったとのことだ。

凶禍の音

その音が聞こえ始めたのは、二〇二一年の七月頃だったとヤマダ君は記憶している。

当時、彼はアパート住まいをしていて、部屋には備え付けのエアコンがあったのだが、これがかなり古い型式のものだった。

故に、好きなだけ冷房をつけていると電気料金がとんでもないことになるため、基本的に除湿モードを使用し、部屋の湿気を逃がすことで夏の暑さを凌いでいた。

「ただ、適度に湿気がないとノドがやられちゃうんですよ。だから矛盾するようなんですが、夜寝る前にはベッド近くの窓を網戸にして、外気を入れながら除湿していました」

ある晩、横になり目を瞑っていたヤマダ君は、リーン、と何かが鳴る音を耳にした。

近くの民家で風鈴でも吊るしているのだろうか、熱気を孕んだ外気に乗って入ってくる涼し気な音は、彼の耳に心地よく響いた。

「その時点では、なんの違和感もありませんでした。日常的に聞こえてくる音って感じで」

その年は異常な夏だった、コロナウイルスの蔓延により、全国的に外出の自粛が求められ、一日当たりの感染者数や重症者数が天気予報のように連日報道された。

ヤマダ君の周辺でも感染者が出始め、ウイルス感染の脅威から逃れるために暑い盛りでもマスクをして外に出るのが当たり前になった。

「僕は会社と家の近所以外には出歩きませんでした、地方住まいのせいもあって、コロナに感染したとなると大変なことになったので」

例えば彼の勤める会社で初の感染者が出た際には、その人が関わった全ての取引先に謝罪の電話をかけた。場合によっては電話口で怒鳴られることもあったと語る。

「マスクをしてても、ワクチンを打ってても、感染するときは感染してしまうじゃないですか？　ある意味で仕方のないことなのに、それを個人の管理不足として、感染した人を白眼視する空気が僕の周りにはありましたね」

自分が感染してしまうと、諸々の手続きや対応などで関係者に迷惑をかけることになる。

その「迷惑」の深刻さを身を持って体験していた彼は、徹底して感染対策に取り組んだ。

息苦しい日々が続く、その年の八月、ある日のこと。

「なんだか、結構亡くなってるなって」

会社で目を通す地元紙に、彼のアパートに隣接する住所での訃報が相次いで載った。

普段なら通夜や葬式の日にちが記載されているはずの訃報欄には、時勢もあってか「葬儀は近親者のみで執り行いました」と書いてある。

「その夏だけで三件はあったはずです。『あれ、まただ』って思ったのを憶えています」

近場に死者がかたまっているということは、コロナウイルスによるものだろうか？

高齢者の多い地方都市でのこと、感染が命取りになることも多いだろう。ヤマダ君は身震いするような気持ちで訃報欄を眺めていた。

※

ヤマダ君に話を聞かせて頂いたのは、以上のことがあってから一年後、二〇二一年、十二月のこと。この時、既に彼は冒頭で出たアパートからの引っ越しを済ませていた。

以下に、その理由となった出来事を書いていく。

※

彼の住んでいたアパートは二階建てで計六室、単身者のみ六名が入居していた。

「ずっと満室だったんですが、去年の夏過ぎあたりからポツポツと人が抜けていっちゃって、最後は僕だけ残されたんですよ」

コロナ禍による社会状況の変化によって、職場を失ったり、あるいは収入の落ち込みから居住環境を変えなければならなくなったり、理由は様々考えられるが、ヤマダ君によると、どうも、そういうことばかりではなかったようだ。


二〇二二年八月某日。

「僕の隣の部屋に住んでいた人が、引っ越しのために荷物を搬出していました」

立ち話をしたこともあるし、会えば挨拶も交わすものの、特に親しい付き合いがあったわけではなかった。しかし彼がいなくなるとアパートには自分しか住人が居なくなる。いささか寂しい気がして「いやぁ、僕一人になっちゃいますね」と話しかけたところ、隣人氏は顔つきを変え「ヤマダさんも早く引っ越した方がいいよ」と言った。

どういうことだろう？　住環境に不満の無かったヤマダ君は言葉の意味を測り兼ねた。

「それで『え？　何かあるんですか？』って訊いたんです」

すると隣人氏は小声で「向こう、結構死んでるの知ってる？」と、アパートの裏手にある家々の方を指差した。

確かに前年の夏、地元紙に訃報が相次いで出たのは知っていた。

隣人氏によれば、その後も周辺において、死者が出続けているのだという。

「自殺だよ、今年に入ってからもう三人死んでる、全部別な家」

彼は続けて、去年の夏に続いた訃報も全て自殺だったらしいと語った。

それを聞いたヤマダ君は「葬儀は近親者のみで執り行いました」という、例の一文を思い出していた。

コロナウイルスによる自粛ムードの煽りを食う形で、小規模な家族葬で済ませたのだとばかり思っていたが、死因が自殺によるものであっても、同じような知らせになるだろう。

隣人氏は更に「もしかしたら、あの音、聞こえたことない？　リーンリーンって、誰かが唸り声あげながらさぁ、なんか鳴らしてるの」

リーン、という音には覚えがある、前年の夏頃から、季節を問わず夜になると聞こえてくる澄んだ響き。てっきりどこかに吊るされた風鈴が鳴っているのかと思っていた。しかし、唸り声とはなんだろう？　怪訝な顔でとりあえず頷くヤマダ君に、隣人氏は捲し立てた。

「あれ普通じゃないよね、俺、あんまりうるさいんで動画にとって苦情出そうと思って、このあいだ待ち構えたんだけど、音は鳴ってるのに、鳴らしてる奴の姿が無いの、音も音で、耳では聞こえるのに、記録されないんだ」

どうも腑に落ちない、自分と彼とでは共有している前提条件が違うような気がし、ヤマダ君は「あれは、風鈴の音じゃないんですか？」と訊ねた。

「ちっがうでしょ、あれ、なんなのかわかんないけど、誰かが鈴を鳴らしながら唸り歩いてるように俺には聞こえたよ、えぇ？　違うの？」

隣人氏は、その「鈴の音と唸り声」が、隣接地で続いている自殺と関連があるのではないかと考え、逃げ出すことにしたのだとヤマダ君に語った。

「彼、地元の消防団なんかにも顔出してたんで、ローカルな情報に疎い僕と違って、色んな所から話を聞いていたようで」

昔から「あまり良くない土地」だと噂されていたとか、近年その区画にマンションの建設計画が持ち上がっており、土地を売ることに決めた家から順番に自殺者がでているとか、隣人氏は自分が持っているだけの情報をヤマダ君に提供し「早く引っ越しな、絶対におかしいって」と告げた。

そんなことを言われても、と困惑しながら、隣人氏を見送った、その晩のことだった。

ベッドで横になっていたヤマダ君の耳は、リーンという音を捉えた。

これまでは風鈴だとばかり思っており、気にかけたことすらなかったが、よく考えてみれば、もうかれこれ一年を通して聞こえてきている。風鈴といえば夏の風物詩、やっぱり何かあるんだろうか？　昼間に聞いた話によって意味が変わってしまったその音は、彼に緊張を強いた。

「実際、アパートは僕一人になってましたし、かなり嫌でした」

それでもにわかに信じられるような話ではない。

現に隣人が語っていたような唸り声などせず、響いてくるのは涼やかな音色のみ。

「そういえば、録音しようと思ってもできないって言ってたなと思って」

スマホを録画モードにして、窓の外の暗闇に向けた。

音は風に揺らされるように、鳴ったり鳴らなかったり、不規則に響いてくる。

五分ほどそうしていただろうか、彼はスマホを持ち直すと、音の再生を試みた。

「聞こえないんですよ、虫の鳴き声や車の走行音なんかはしっかり入っているのに」

ええ？　なんだろう、マイク感度の問題だろうか、欲しい音が全く入っていない。

戸惑いながら、何度目かの再生を試みた時だった。


――うぅぅぅぅぅんうぅぅぅぅぅんうぅぅぅぅぅん

唸り声らしきものが、とつぜん窓の外から聞こえてきた。

「それまで全く意識してなかったんですよ、でも」

どういうわけか、耳に覚えがあった。

「わかり難くて申し訳ないんですが『単に聞こえた』というよりも『これまでもずっと聞

こえていたことに気付いた』、あるいは『ピントが合った』というような感じで」

音そのものよりも、それに気付けなかったこと、焦点が合っていなかったことに対し、焦りに近い気持ちが湧き上がってきた。

「だって聞こえてたし、今も聞こえるじゃんって」

唸り声に合わせ、リーンと音が鳴り響く。

先ほどまでの涼やかなそれとは違い、明らかにうるさい、不快な鐘の音。

「どういうわけか、もうぜんぜん風鈴のそれには聞こえなくなってました」


何も知らなければ、迷惑な奴がいるものだとイライラしただけだったろう。

何も知らなければ、あるいは一時的な何かだろうと目を瞑れもしただろう。

しかし、彼は既に、それが「そういうモノ」である可能性を示唆されていた。

あるいは知ってしまったこと自体をソレに「気付かれた」のかも知れない。

では、このあと、自分はどうなってしまうのか。


「だから、もう部屋に居られなくて」

急いで着替えると、玄関から外に出て、車に飛び乗った。
部屋から出る瞬間、あるいは何かが目の前に出てくるかも知れないと警戒したが、家の中で一晩これに耐えるのは無理だと判断し、思い切った。
それから数日、車の中で寝泊まりし、朝になってから部屋に帰るを繰り返した後、ヤマダ君は引っ越しを決意した。

「ああいうことって、いざ自分の身に降りかかると、誰にも相談できないものなんですね。理性よりも先に感情が動いちゃって、いや、理性そのものが奪われるというか、殺されるというか、しばらく妥当な判断ができなくなっちゃいました。だから『人って、簡単に狂うんだな』って、ちょっと前までは全くリアルじゃなかったんですけど、今では本当にそう思います。隣の○○さんが、青い顔して引っ越して行ったのも道理ですよ。彼がどの時点でそうだと判断したのかわかりませんが『気付いて』しまったら、もう無理です」

ヤマダ君は、そう言って首を振った。

ヤマダ君から伺った話は以上である。

ここからは、あとがきに代えて、この話にまつわる別なエピソードを述べていきたい。

※

実は私の友人に、怪談作家をしている者がいる。

私は、これまで彼に自分が仕入れた怪談ネタをいくつも提供してきた。

その代わり、彼は私に「怪談の書き方」を教えてくれた。

本人の希望により名前は伏せるが、私がこれまで書いてきたお話は、彼の書き方を模したものになっている。

好むネタの違いはあれど、参考書のように彼の著作を読んで、私は本著を書き上げた。

今年の二月、彼は次回の単著に向けて、そろそろ動き出したいと語った。

私は私で提供したい話があったので、顔を合わせて打ち合わせを行った。
その際に私が提出した怪談の一つが、先ほどお読み頂いた、ヤマダ君の話である。
彼はこの話の概要を読むなり「これ、○○のところの話じゃないよね？」と言った。
私は驚きと共に「これ○○の近くにあるアパートの話だよ」と返した。
その途端、彼の顔色がスッと青くなった。
「この話はやめとこう、怖いから」
彼はそう言って、私が提出した「ヤマダ君の話」が書いてある紙を裏返した。
一体どういうことか、怖いならむしろ良いではないか。
そのように述べた私に対して、彼はことのあらましを語った。

どうやら、彼は彼で○○に関しての取材を行っていたらしい。
○○は、「ヤマダ君の話」で出てきた「自殺者が多発している土地」の地名である。
私の網にヤマダ君がかかったように、彼の網には、その土地にマンションを立てようとしている業者に勤める人物がかかっていた。
つまり我々は、同じ土地に関する話を内と外から取材していたことになる。

彼が集めた情報は、○○一帯を所有していたさる旧家にまつわる因習と、その土地が持つ不穏な来歴、マンション工事に伴って解体された蔵に所蔵されていたであろう、なんらかの呪物めいた物品に関してなどだったようだ。

「よりによって、なんでこの話なんだろう」

彼は、そもそもこの「偶然」が「嫌だ」と言う。

しかし、狭いエリアで同じような目的で活動している以上、むしろこれは偶然ではなく必然なのではないかと私は言った。

入り口は違えど、怪異が生じた場所は同じなのだから「辿った先が○○だった」は十分にあり得る話だ、二人が持っている情報をまとめ上げればかなりの大ネタになり得る。

「それとこれとは話が別なんだよ、大ネタとかどうとかじゃなく」

言って黙した後、彼は「○○に関して情報を提供してくれていた人物が先日事故に遭って重傷を負った」と声を潜めた。幸いなことに一命は取り留めたようだが、事故に遭った本人が病床において「耳元で鈴を鳴らしたような妙な音が聞こえて、それに気を取られたためハンドル操作を誤ってしまった」、そう話しているとのことだった。

彼はその時点で、○○に関しての話を書くのは止めることにしたという。

「こういう、現在進行形の生きてるような話は、しばらく様子をみた方がいいんだ。時間が経って、状況が全部落ち着いた後でじっくり料理した方が絶対に――」

――リーン

話を遮るように、鈴を鳴らしたような音が聞こえた。

目の前の彼はまだ何やら講釈を垂れている、音は聞こえていないようだ。

――じゃあ、俺が書くよ。

なぜか、そんな言葉が口から出た。


恐らく、あの一瞬は事故のようなものだったのだろう。

怪談本など書いたことがないのに、どうしてあんなことを口走ってしまったのか、未だにわからない。

その発言を肯定的に受け止めた彼の口利きも得て、引くに引けなくなった私は、結果、自著を出版する運びとなった。

当初は彼の集めた情報を含めてまとめる話もあったのだけれど、先方が気乗りしないようなので、原稿には殆ど反映させなかった。

ただ一つ、言えることがあるとすれば、私があの時、あの音を聞かなければ、この内容が誰かに届くことは絶対になかった。

つまりこの本は、○○にまつわる、なんらかの怪異の一部なのだと言えるだろう。

それがどういう意味を持つのか私にもわからない。ただ一連の流れを考えれば、少なくとも「良い事」ではなさそうだ。

この本を編むことそれ自体が怪異によって促されたものである以上、これを読んだ貴方もまた、もはや無関係ではない。

皆様の元にも、あの音が届けば、作者としては冥利に尽きる。

★読者アンケートのお願い

本書のご感想をお寄せください。
アンケートをお寄せいただきました方から抽選で
10名様に図書カードを差し上げます。
（締切：2023 年 8 月 31 日まで）

応募フォームはこちら

怪談蒐集癖 凶禍の音

2023年8月7日　初版第1刷発行

著者……中縞虎徹
デザイン・DTP……延澤 武
企画・編集……Studio DARA

発行人……後藤明信
発行所……株式会社 竹書房
〒102-0075　東京都千代田区三番町８－１　三番町東急ビル６F
email：info@takeshobo.co.jp
http：//www.takeshobo.co.jp
印刷所……中央精版印刷株式会社